한국 근대 한문체소설 연구

1906년 신문연재소설을 중심으로

저자

윤성룡(尹盛龍, Yin, Sheng-long)

고려대학교 문학박사, 현재 난징사범대학교 한국어문학과 전임교수. 『난징대학살의 역사』(경인문화사, 2018), 『붉은 대문』(깊은샘, 2018) 등 번역서를 간행함.

한국 근대 한문체소설 연구 1906년 신문연재소설을 중심으로

초판인쇄 2019년 4월 5일 **초판발행** 2019년 4월 15일
지은이 윤성룡 **펴낸이** 박성모 **펴낸곳** 소명출판 **출판등록** 제13-522호
주소 서울시 서초구 서초중앙로6길 15, 1층
전화 02-585-7840 **팩스** 02-585-7848 **전자우편** somyungbooks@daum.net **홈페이지** www.somyong.co.kr

값 14,000원
ISBN 979-11-5905-386-3 93810

한국 근대 한문체소설 연구

1906년 신문연재소설을 중심으로

Modern Korean Fiction in Classical Chinese :
A Study of Newspaper Serials From 1906

윤성룡

소명출판

| 머리말 |

이 책의 연구 목적은 한국 근대신문에 연재된 한문체소설을 재조명하는 데 있다. 근대에 이르러 언문일치를 지향한 신소설이 이미 대세를 이루고 있음에도 굳이 한문체소설을 주목한 이유는 근대소설의 형성과정을 밝히기 위해서는 한문체소설도 반드시 함께 검토되어야 한다고 생각했기 때문이다.

한국은 과거 수천 년 동안 한문을 공식 서사문자로 사용해 왔다. 동아시아 한자문화권에서 철옹성마냥 견고했던 한문의 아성은 1894년 갑오개혁에서 공식적으로 해체되기 시작하였으며 애국계몽운동의 고조와 더불어 한문 폐지까지 거론될 정도로 위태로운 상황에 몰렸다. 하지만 아이러니하게도 1906년 무렵 대표적인 애국계몽 신문 『황성신문』을 포함한 여러 신문에 한문체소설이 대거 등장한다. 친일 성향의 『대한일보』는 심지어 순국문소설과 한문체소설을 동시에 연재하기도 한다. 이는 분명 하나의 '사건'으로서 한문체소설도 시대적인 추세에 따라 새로운 변화를 나름대로 모색했다는 증거로 볼 수 있다. 그러나 이와 같은 한문체소설의 자체적인 변화에 대한 관심이나 연구는 많지 않았다. 특히 친일 신문으로 매도당한 『대한일보』에 연재된 한문체소설은 더욱 소외된 상황이었다. 이와 같은 상황을 타개하고자 이 책은 1906년도 신문연재 한문체소설을 중심으로 근대 한문체소설의 독자적 성격을 규명하고자 노력하였다.

이 책의 골격 구조를 세우는 데는 고려대학교 김인환 교수님의 은혜가 가장 컸다. 학문적 가르침을 주셨을 뿐만 아니라 인격적 고양高揚을 경험하게 해주신 은사님이시다. 또한 최동호 교수님을 비롯한 고려대학교 국어국문학과 선생님들의 배려와 지도가 없었더라면 지금의 모든 것이 불가능했을 것이다. 그리고 고려대학교에서 김영민 교수님의 명강의를 수강할 수 있었던 것은 가장 결정적인 행운이었다. 김영민 교수님으로부터 근대소설 형성과정 관련 가르침을 받지 못했더라면 한문체소설을 학위논문 연구주제로 선정할 엄두조차 나지 않았을 것이다. 이 책도 결국은 김영민 교수님의 지극한 배려로 세상에 나올 수 있게 되었다. 하지만 학문적 기대에 한참이나 못 미치는 것만 같아 송구스럽기만 하다.

그리고 『대한일보』에 연재된 한문체소설의 원본 텍스트 촬영에 거듭 모든 편의를 제공해 주신 한국연구원 관계자 분들께 특별히 감사의 뜻을 전하고 싶다. 고려대학교 박사과정에 입학해서부터 학위논문 심사를 마무리할 때까지 강산마저 많이 변했건만 늘 한결같은 도움을 준 박성호 학형에게도 항상 고마움을 간직하고 있다. 한 권의 책으로 태어나게 해준 소명출판의 여러 선생님들께도 깊은 감사의 인사를 드리는 바이다.

2019.3.10

윤성룡

| 차례 |

/ 제1장 /

한국 근대신문과 한문체소설의 등장

1. 1906년 근대신문의 한문체소설 연재

이 책의 연구목적은 1906년도 신문연재 한문체소설을 재조명하는 데 있다. 이 시기는 사적史的으로 개화기, 애국계몽기, 근대전환기 등 용어로 다양하게 불리고 있지만, 이러한 용어에 대한 논의는 필자가 주목하는 1906년도와는 상충하지 않으므로 일단 그 논쟁을 접어두고 작품론에 집중하고자 한다. 선행연구를 토대로 내용과 형식면에서 신문연재 한문체소설이 보여주는 독자적 성격을 규명하는 데 그 초점을 맞춘다. 그렇다면 아래와 같은 몇 가지 의문점이 먼저 제기될 수 있다.

1) 왜 1906년을 주목하는가?

우선 1906년을 주목하는 이유는 여러 가지 굵직굵직한 역사적 사건들이 바로 1906년을 전후하여 발생함으로써 당시 한국의 모든 분야에 지대한 영향을 끼쳤기 때문이다. 특히 1904~1905년에 발생한 러일전쟁을 계기로 일본은 한국에 대한 지배권을 완전히 확립하였고 이는 신소설이나 한문체소설이나 할 것 없이 소재로 많이 활용되었다.

1904년 2월 8일에 일본함대가 뤼순旅順군항에 기습적인 선제공격을 가함으로써 막을 올린 러일전쟁은 2월 10일에 양국이 선전포고를 하기에 이른다. 한국은 본래 1월 23일에 중립적인 입장을 선포하였으나 일본의 무력 강요로 말미암아 2월 23일에 「한일의정서韓日議定書」를 체결하고 일본의 병참보급 및 군사기지로 전락할 수밖에 없었다. 나아가서 같은 해 8월 22일에 일본은 고문顧問정치의 방식으로 한국의 재정, 외교 등 분야에 대한 내정간섭을 공공연하게 진행하기 위한 「외국인용빙협정外國人傭聘協定」 즉 「한일협정서」를 강요하여 성사시킨다. 1905년 7월 29일, 미국과 일본은 가쓰라-태프트밀약The Katsura-Taft Agreement을 비밀리에 체결하고 미국의 필리핀 점령과 일본의 한국 점령을 상호 인정받았다. 8월 12일에는 영국과 제2차 영일동맹을 체결하여 양해를 얻었다. 이렇듯 사전에 미국이나 영국과 정리 작업을 끝낸 일본은 1905년 9월 5일에 포츠머스Portsmouth조약을 통해 한국에 대한 독점적 지배권을 사실상 확인받게 되었다. 즉 비망록에 이미 "일본이 한국 정부의 승인 하에 정치적으로 간섭할 수 있다"고 기록되었기에 일본의 한국 지배는 시간적인 문제에 불과했고, 기정사실화 되다시피 한 것이다. 드디어

1905년 11월 17일, 이토 히로부미伊藤博文는 고종황제와 신하들을 협박하여 마침내 '한일협상조약韓日協商條約'(즉 '을사조약')을 강제로 체결하기에 이르렀다. 그리하여 한국의 자주적인 외교 권리는 모두 박탈되었고, 한국 내의 외국 공사관뿐만 아니라 외국에 나가있던 한국의 외교기관도 전부 폐지되었다. 이듬해인 1906년 2월에는 서울에 통감부統監府가 설치되고, 3월 2일에 을사조약 체결의 원흉인 이토가 초대 통감으로 취임하였다. 실질적으로 통감부는 한국의 외교권뿐만 아니라 온갖 내정간섭을 자행해 왔다. 1907년 7월 24일에 체결된 '한일신협약韓日新協約' 즉 '정미7조약丁未七條約'으로 말미암아 한국 군대는 강제로 해산되었으며, 사법권과 행정권마저 모두 박탈당하였다. 마침내 일제는 1910년 8월 29일 '한일합방조약韓日合邦條約'을 통해 한국을 완전히 식민지화하기에 이르렀다.

이상 개관에서 볼 수 있다시피 1906년은 하나의 전환적인 연도에 해당한다. 즉 러일전쟁에서 승리한 일본이 을사조약을 통해 한국에 대한 지배권리를 인정받은 다음 1906년 2월에 바로 한국을 본격적으로 식민지화하기 위한 통감부를 설치한 것이다. 일본의 마수가 점점 깊숙이 뻗쳐오고 있는 상황에서 한편으로는 국권회복을 위한 저항도 이 무렵에 강렬하게 불타오르고 있었다. 이른바 '애국계몽기'로 불리는 1905~1910년 사이에 개화자강파의 실력양성운동이 바로 그것이다.

1905년 11월 20일, 을사조약이 체결된 지 사흘째 되던 날 장지연張志淵(1864~1921)은 『황성신문』에 논설 「시일야방성대곡是日也放聲大哭」을 발표하여 일본의 침략성을 규탄하고 조약 체결에 찬성한 대신들을 공박하자, 국민들이 일제히 궐기하여 조약의 무효화를 주장하고 '을사5적'

을 규탄하며 조약 반대투쟁에 나섰다. 그 결과 장지연은 체포되고 『황성신문』은 80일간 정간당하고 말았다. 1906년 4월 장지연, 윤효정尹孝定(1858~1939) 등이 헌정연구회憲政研究會(1905.5 설립)를 확대·개편하여 대한자강회大韓自强會(1906.4~1907.8)를 세우고, 『대한자강회월보』를 발행하여 적극적인 계몽활동에 나선다. 그 뒤로 대한협회大韓協會(1907~1910), 신민회新民會(1907~1911) 등 단체들이 육속 활발한 활동을 전개해 나간다. 물론 일제 당국의 집요한 추적, 방해와 탄압이 계속되었지만 이 무렵은 그래도 한국을 완전히 병합하기 전이라 필경은 어느 정도 여지餘地가 남아 있었다고 할 수 있다. 또한 자각적이고도 양심적인 한국인이라면 기울어져 가는 국운을 만회하기 위하여 안간힘을 다 쓰던 상황이었다. 그리하여 정치, 경제, 사회, 문화 등 온갖 분야에서 사력死力을 다한 결과가 바로 교육구국운동, 계몽출판운동, 민족산업 진흥운동, 독립군 양성운동 등으로 이어졌다. 이러한 맥락에서 보면 1906년은 바로 1905년 연말의 을사조약으로 객관적인 상황은 이미 악화되기 시작하였지만 한국인의 입장에서는 분기탱천과 더불어 그래도 한편으로는 구국의 강렬한 희망을 품고 필사의 만회 노력을 기울이던 초반에 해당한다. 물론 근대적인 애국계몽운동이 주류를 이루고 있었겠지만 기타 각 분야에서도 어떤 움직임이 있었는지를 세밀하고도 총체적으로 고찰할 필요가 있는 것이다.

다음, 1906년도는 여러 신문사와 잡지사에서 약속이라도 한 듯이 본격적으로 '소설란'을 설치하고 소설을 연재하던 시점이기도 하다. 『대한매일신보大韓每日申報』(1904.7.18~190.8.28)는 1906년 2월 6일부터 『청루의녀전青樓義女傳』을 연재하고, 『제국신문帝國新聞』(1898.8.10~1910.8.2)은

1906년 9월 18일에 『령남 안동 짜에 —』 등의 서사 자료를 수록하였으며, 『황성신문皇城新聞』(1898.9.5~1910.9.14) 또한 1906년 5월 19일부터 『신단공안』을 연재하기 시작하였고 『대한일보大韓日報』(1904.3.10.~1910.4)는 1월 23일부터 『일념홍』을 연재하기 시작하였다. 이 외에도 『경향신문京鄕新聞』(1906.10.19~1910.12.30)에는 1906년 11월 30일에 『경소의 불긴』이라는 작품이 연재되고, 『만세보萬歲報』(1906.6.17~1907.6.29)는 1906년도부터 국초菊初의 여러 작품을 연재하기 시작하였다. 1906년도에는 또 『조양보朝陽報』(1906.6~1907.12)를 비롯한 『대한자강회월보大韓自强會月報』(1906.7~1907.7), 『서우西友』(1906.12~1908.1), 『태극학보太極學報』(1906.8~1908.12), 『소년한반도少年韓半島』(1906.11.1~1907.4.1) 등 여러 잡지들이 출현하였는데 그중 『조양보』와 『대한자강회월보』에도 '소설란'이 개설되었다.[1] 이상 1906년도는 한국 근대문학사적인 측면에서도 매우 중요한 한해로 한국 근대소설의 형성과정을 밝히는 관건적인 연도이기도 하다.

2) 왜 한문체소설을 주목하는가?

주지하다시피 한국은 과거 수천 년 동안 줄곧 한문을 공식 서사문자로 사용해 왔다. 중세보편주의 한문화권에서 공동문어인 한문은 곧 '신성언어sacred language'이자 '진리언어truth language'로 군림하고 있었

1 김영민, 「근대적 문학제도의 탄생과 근대문학 지형도의 변화(1) — 잡보 및 소설란의 정착과정」, 『사이間SAI』 5, 국제한국문학문화학회, 2008. 이 부분은 위 논문 참고함.

다. 그리하여 한국 역사에서 한문은 오랜 역사기간 동안 줄곧 진문眞文 혹은 진서眞書로 지칭되었다. 1443년 세종대왕이 훈민정음을 창제하여 1446년 반포하였지만 조선왕조 시대 전반에 걸쳐 한문의 독보적인 지위는 결코 흔들림이 없었다. 『조선왕조실록』, 『승정원일기承政院日記』 등 조선왕조의 공식적인 역사는 모두 한문으로 기록되어 지금까지 전해지고 있다. 물론 사대부 문인들도 언문諺文으로 시조나 가사 등을 창작하는 경우가 있기는 하였지만 어디까지나 '이속俚俗의 언어'로 치부되었다.

한문의 전통 권위는 역시 1894년 갑오개혁甲午改革에서 본격적으로 해체되기 시작하였다. 1894년 11월에 반포된 칙령 제1호 공문식公文式 제14조는 다음과 같이 규정하고 있다. "法律勅令, 總以國文爲本. 漢文附譯, 或混用國漢文(법률 칙령은 모두 국문으로 본을 삼되 한문을 덧붙여 번역하거나 국한문을 혼용할 수 있음)." 여기에서 보면 더 이상 진문眞文이 아니라 한문漢文으로 지칭된다. 황현黃玹(1855.12.11~1910.9.10)의 기록에 보면 당시 사정이 더욱 잘 드러나 있다.

我國方言, 古稱華文曰眞書, 稱訓民正音曰諺文, 故統稱眞諺, 及甲午(高宗三十一年)後趨時務者盛推諺文曰國文, 別眞書以外之曰漢文, 於是國漢文三字遂成方言, 而眞諺之稱泯焉, 其狂佻者倡漢文當廢之論, 然勢格而止.

우리나라 말에 옛날부터 화문을 진서라고 하고, 훈민정음을 언문이라고 하였으므로 이를 통칭하여 진언이라고 하였다. 갑오경장 이후로 신시대의 업무에 종사한 사람들은 언문을 국문이라 칭하고, 진서는 외국 것으로 생각하여 한문이라 칭하였다. 이에 국한문이라는 세 글자가 우리나라 말을 이루면서 진언이라는 명칭은 사라지고 말았다. 이때 경솔한 사람들은 한문을 폐지하여야 한다는 여론을 일으켰으나 그들의 세력이 저지되어 그 여론은 중지되었다.

—黃玹, 『梅泉野錄』 卷之二, 「高宗三十一年甲午⑦」, 「20. 국한문의 혼용」

물론 국한문 혼용은 근대에 이르러 갑자기 나타난 것은 아니다. 필경 한문은 외래 문자인 터라 소통의 편리를 위해서 국한문을 혼용하는 경우가 아주 드물게나마 있었다. 하지만 근대에 이르러 개화, 계몽 등의 담론들은 어려운 한문 대신에 당연히 국문에 경도될 수밖에 없었다. 그리고 일상의 언어 혹은 이속의 언어에 불과했던 언문의 지위는 국문國文으로 격상되었다. 애국계몽운동의 고조와 더불어 국문 연구와 교육도 유례없이 신속하고도 광범위하게 전개되었다. 이와 같은 시대적 상황과 사회적 분위기에서 한문은 폐지까지 거론될 정도로 위태로운 상황에 몰렸고 심지어 한문 사용은 시대에 역행하는 것으로 간주되는 경우마저 있었다.

그렇다면 소설 장르는 또 어떠한가? 한자문화권에서 소설 장르는 사실 오랜 세월 동안 푸대접만 받아왔다. 한문학의 꽃이라고 할 수 있는 시詩는 수천 년 동안 줄곧 총애를 받아왔기에 사대부들은 반드시 시를 짓는 법을 익혀야 했으며 그것은 곧 교양과 지성의 의미로 통했다. 하지만 소설은 패관稗官들이 기록하는 세속적이고도 허황된 이야기로 인식되어 특히 '문이재도文以載道'[2]를 숭상하는 유학자들에게는 매우 부정적인 이미지로 각인되었다.[3] 따라서 사대부들은 시문을 주고받는 고상한

2 "文, 所以載道也. 輪轅飾而人弗庸, 徒飾也, 況虛車乎? 文辭, 藝也; 道德, 實也. 篤其實, 而藝者書之, 美則愛, 愛則傳焉."(周敦頤, 『通書·文辭』)

취미를 유지할지언정 특별한 경우를 제외하고는 소설을 쓰는 법이 결코 없었다.

이런 맥락에서 보면 1906년 무렵에 한문체소설이 대거 등장한 것은 분명 하나의 '사건'이라고 할 수 있다. 이 해 『대한일보』는 국문소설 『참마검斬魔劒』(1906.4.18~1906.4.26) 7회분과 『반혼향返魂香』(1906.4.27~1906.5.22) 17회분을 같이 연재하기도 하였다. 하지만 시대적 분위기를 거스르기를 마다하지 않고 한문을 사용하였고, 또 전통적으로 무시당하던 소설 장르를 이용하였던 것이다. 그만큼 절박한 상황이었거나 각별한 이유가 존재한 것은 당연한 일이었다. 하지만 지금까지 한문체소설에 대한 관심이나 연구는 별로 많지 않았던 것 같다. 왜냐하면 같은 해인 1906년 2월 1일 자 『대한매일신보』의 광고에서 『중앙신보中央新報』 발간광고문에서 「명월기연明月奇緣」을 가리켜 "한운선생漢雲先生이 저작한 현대걸작의 신소설"[4]이라고 광고한 것처럼 처음 명칭을 선보인 '신소설'이 점차적으로 대세를 이루었기 때문이다. 신소설의 효시로 손꼽히는 이인직의 『혈의누』는 바로 1906년 7월 22일부터 10월 10일까지 50회에 걸쳐 『만세보』에 연재되었다가 이듬해 광학서포에서 단행본으로 간행되었다. 『대한매일신보』에는 토론체소설 범주의 『거부오해車夫誤解』(1906.2.20~1906.3.7)가 발표되기도 하였다. 근대소설 이행기의

---

3 "小說家者流, 蓋出於稗官. 街談巷語, 道聽途說者所造也. 孔子曰 : "雖小道, 必有可觀者焉, 致遠恐泥, 是以君子弗爲也." 然亦弗滅也. 閭里小知者之所及, 亦使綴而不忘. 如或一言可采, 此亦芻蕘狂夫之議也."(班固, 『漢書・藝文志』)

4 "明月奇緣은 漢雲先生의 著作인딕 才子佳人이 相別再會와 一波一瀾에 多情多恨의 態를 現ᄒᆞ야 趣味津津ᄒᆞ야 使독者로 不知厭케ᄒᆞᄂᆞᆫ 現代傑作의 新小說이오 況又城山畵伯의 揷畵ᄂᆞᆫ 極히 婉麗ᄒᆞ야 當場之景을 眞寫ᄒᆞ야 使독者로 珍哉妙哉를 呼케ᄒᆞ리니 此欄은 卽本신報特色之一也라"(「中央新報」, 『대한매일신보』, 1906.2.1)

면모를 보여주는 신소설들이 시대적인 총아로서 주류를 이루어가던 시기였던 만큼 이 무렵의 한문체소설은 나름대로 새로운 변화를 모색하는 최후의 몸부림을 시도하였다고 보아도 좋을 것이다.

3) 왜 『대한일보』와 『황성신문』을 주목하는가?

『대한일보』는 "1904년 3월 10일에 창간되어 일인日人이 발간한 국한문 혼용의 친일신문"으로 『두산백과사전』에 나와 있다. 『황성신문』 관련 연구는 매우 다양하게 이루어졌지만 『대한일보』에 관한 연구는 찾아보기 힘들다. 신문 자체에 대한 평가는 주로 두 가지인데, 하나는 일인日人이 발간한 국한문 혼용의 친일신문이고, 다른 하나는 신소설 연재에 앞장섰다는 것이다. 1906년 8월 한글로 발간하던 신문은 폐간되고, 10월 17일부터는 일본어 신문으로 발간하였다. 1910년 4월경 제호를 『조선일보』로 고쳐 발행하였다. 그런데 친일신문으로 일괄적으로 매도하기에는 애매한 부분도 있다. 황현의 『매천야록』에 의하면 『대한일보』는 조선 정부에 고용된 일본인들을 비판해 당국의 탄압을 받기도 하였다고 한다.[5] 또한 일본어 신문으로 바뀐 후에도 통감부와 갈등을 일으켰다. 비록 일본인이 발행하였지만 송병준이 관계하였고, 이광수의 자서전에도 등장하며, 최남선도 1904년에 논설을 투고하는 등 한국인 독자들이

---

5 "大韓日報社者, 倭人所設也, 行之已有年, 至是其主筆人飯田三郎・森戶平吉等, 見諸倭之雇聘於我者, 狡虐日甚, 頗不直之, 遂臚列丸山重俊・呼子友一郎等惡行於報面, 以攻駁之, 重俊等訴博文, 令停刊, 勒歸其國."(黃玹, 『梅泉野錄』 卷之五, 「光武十一年(隆熙元年)丁未②」, 「22. 大韓日報의 停刊」)

적지 않았다고 한다.[6]

1906년 1월 23일부터 『대한일보』는 『일념홍一捻紅』을 연재하고, 4월 18일부터는 『참마검』을 연재하여 신문의 신소설 연재에 앞장서기도 하였다. 이 해 『대한일보』는 총 5편의 소설을 연재하는데 상기 두 편 외에도 『용함옥龍含玉』, 『여영웅女英雄』, 『반혼향返魂香』 등이 있다. 이 가운데 『참마검』과 『반혼향』은 순국문소설이었다. 『대한일보』에 연재된 위와 같은 소설들은 흔히 고소설의 아류라든가 친일 경향 노출이라든가 등의 부정적인 평가를 받는다. 그럼에도 불구하고 『대한일보』에 연재된 소설은 근대적인 요소를 상당히 많이 함유하고 있다. 다만 한문을 워낙 많이 사용하다보니 접근이 용이하지 않아서 간과된 점도 많은 것이다.

『대한일보』는 일본인이 발간하였지만 한국인 기자가 없었던 것은 아니다. 최원식은 「1910년대 친일문학과 근대성－최찬식의 경우」에서 최찬식崔瓚植(1881~1951)의 부친인 최영년崔永年(1859~1935)이 1904년에 『대한일보』 한국인 기자로 입사해서 주로 1905년에 기자 노릇을 하였을 것이라고 추측하였다.[7] 친일행적을 떠나 최영년은 일찍 개화에 눈을 뜬 한문학자이다. 악부시집 『해동죽지海東竹枝』를 편찬할 정도로 최영년은 한문과 한시에 깊은 조예를 보여주고 있으며, 1920년대 중반까지 한문의 맥을 이어가고 있다.[8] 그는 한문의 전통을 고집하고 유가儒家의 교화를 강조하였으며, 한문폐지론의 풍조를 개탄하였다. 이외 최영

6 강준만, 『한국 근대사 산책』 4, 인물과사상사, 2007, 66쪽.

7 최원식, 「1910년대 친일문학과 근대성－최찬식의 경우」, 『민족문학사연구』 14, 민족문학사학회, 1999, 185쪽.

8 조용호, 「최영년의 『詩金剛』과 1920년대 漢詩界」, 『한국고전연구』 18, 한국고전연구학회, 2008. 조용호는 이 논문에서 1926년에 발간된 최영년의 한시집 『시금강』을 처음으로 소개하였다.

년은 음악에도 심취한 인물로 평가되고 있는바,[9] 『여영웅』 제5회(續6, 숫자는 편의를 위해 필자가 붙임)는 음악에 관해 다음과 같이 쓰고 있다.

> 夫琴者는 禁也라 禁其邪心也니 古者聖人之制樂也에 以琴으로 爲天地之正音ᄒᆞ니 丹鳳翱翔ᄒᆞ며 白鶴翩翻ᄒᆞ고 雷霆震盪ᄒᆞ며 風雨疾作ᄒᆞ야 神人變色者는 師曠之審音也오 海天寥遠ᄒᆞ며 海山蒼翠ᄒᆞ야 若有其音於杳杳茫茫之間者는 成連之學音也오 高山峩峩ᄒᆞ며 流水洋洋ᄒᆞ야 淸絶曠遠而靈犀相照者는 伯牙之知音也니
>
> —白雲山人, 『女英雄』 제5회(續6), 『大韓日報』, 1906.5.15

이 시기 한문체소설에서 드물게 고금古琴의 교화 작용을 강조하고 있는 부분이다. 이렇게 보면 『대한일보』의 독자층도 상당수는 양반과 유생이 위주인 것으로 짐작이 된다. 또한 『참마검』, 『반혼향』 등 국문소설도 같이 게재함으로써 일반 독자층도 확보하려고 시도했던 것으로 보인다.

『황성신문』의 전신은 1898년 3월 2일 윤치호尹致昊가 창간한 순국문 신문 『경성신문』이다. 발행한 지 약 1개월 후인 4월 6일부터 『대한황성신문』으로 바꾸었다. 그러다가 1898년 9월 5일에 장지연, 남궁억南宮檍, 유근柳瑾 등이 윤치호로부터 판권을 인수하여 『황성신문』을 창간하였다. 창간호 사설에서 국한문교용國漢文交用을 선택한 것은 "箕聖이 遺傳ᄒᆞ신 文字"와 "先王의 創造ᄒᆞ신 文字로 병행幷行"하기 위해서임을 밝히고 있다.[10] 문자는 국한문 혼용이라고 하나 거의 한자에 한글로 토를

9　박영미, 「최영년 문학론 고찰—친일 문학론을 중심으로」, 『한문학논집』 22, 근역한문학회, 2004, 162쪽.

단 정도의 한문 위주의 문장으로 제작되어 『독립신문』 이후 여러 신문들이 순한글로 제작되던 전통을 깨뜨려 한학 식자층 독자들의 환영을 받았다.[11]

여기에서 보면 재미있는 현상은 순국문으로 제작되던 신문이 오히려 한문 위주로 제작되어 지식인들의 환영을 받은 점이다. 다시 말하면 기존의 순국문 신문들을 유생이나 양반계층은 오히려 반발하고 있었던 셈이다. 자주독립과 근대라는 정치적 과제 때문에 한문은 절체절명의 위기에 놓이게 되었다. 한문폐지론의 대두와 함께 한문은 '외국의 글', 중세적 국제질서로부터 정치적・문화적 독립을 위하여서는 반드시 폐지되어야 할 대상이 된 것[12]이다. 그러나 그 반발도 만만하지 않아 1907년 신기선申箕善을 회장으로 하는 대동학회大東學會가 조직되었다. 대동학회에서 중추적 인물로 활동한 여규형呂圭亨은 다음과 같이 호소하였다.

> 我韓自檀箕開國幷用漢文行之四千年漢文卽我韓本有之文非自外襲而取之也今俗世之言曰廢漢文純用國文然後始可以立國也愚迷如此不容多辨而又不能不辨不辨則蚩蚩者終不能覺悟也[13]

---

10 "大皇帝陛下ᄭᅴ셔 甲午中興之會ᄅᆞᆯ 適際ᄒᆞ샤 自主獨立ᄒᆞ시ᄂᆞᆫ 基礎ᄅᆞᆯ 確定ᄒᆞ시고 一新更張ᄒᆞ시ᄂᆞᆫ 政令을 頒布ᄒᆞ실ᄉᆡ 特이 箕聖의 遺傳ᄒᆞ신 文字와 先王의 創造ᄒᆞ신 文字로 幷行코져ᄒᆞ샤 公私文牒을 國漢文으로 混用ᄒᆞ라신 勅敎ᄅᆞᆯ 下ᄒᆞ시니 百揆가 職을 率ᄒᆞ야 奔走奉行ᄒᆞ니 近日에 官報와 各府郡의 訓令指令과 各郡에 請願書報告書가 是라 現今에 本社에셔도 新聞을 擴張ᄒᆞᄂᆞᆫ몬져 國漢文을 交用ᄒᆞᄂᆞᆫ거ᄉᆞᆫ 專혀 大皇帝陛下의 聖勅을 式遵ᄒᆞᄂᆞᆫ 本意오 其次ᄂᆞᆫ 古文과 今文을 幷傳코져ᄒᆞᆷ이오 其次ᄂᆞᆫ 僉君子의 供覽ᄒᆞ시ᄂᆞᆫᄃᆡ 便易ᄒᆞᆷ을 取ᄒᆞᆷ이로라"(「社說」, 『皇城新聞』, 1898.9.5)

11 강준만, 『한국 근대사 산책』 3, 인물과사상사, 2007, 193~195쪽.

12 강명관, 「한문폐지론과 애국계몽기의 국・한문논쟁」, 『한국한문학연구』 8, 한국한문학회, 1985. 이 부분은 이 논문을 참고함.

13 呂圭亨, 「論漢文國文」, 『大東學會月報』 1, 1908.2.25.

여규형이 국문을 '조선글'이 아닌 '한문의 보조수단'으로 파악한 것은 비판받아 마땅하지만 한문이 4천 년 동안 사용된 것이므로 '본래부터 가지고 있던 것'이라고 주장한 것은 지금 시점에서도 그 의미를 되새겨 볼 만하다. 또한 대동학회가 조직될 정도로 한문의 전통을 이어가려는 유학자들의 세력이 만만치 않았고 그들을 중심으로 한문체소설, 한시가 꾸준히 창작되었다.

이와 같은 상황에서 『황성신문』이 순국문에서 한문 중심으로 다시 회귀한 것은 지식인 독자층을 다분히 인식하였기 때문이라고 할 수 있다. 1905년 11월 20일 『황성신문』은 주필 장지연의 「시일야방성대곡」을 게재하였다가 그 결과로 장지연은 체포되고 신문은 80일간 정간당하게 된다. 이렇듯 애국계몽의 선두에 있는 신문이 한문 중심으로 간행되고 한문체소설도 게재한 사실은 매우 흥미로운 것이다.

이 책은 바로 대표적인 친일신문으로 매도당하는 『대한일보』와 대표적인 애국계몽 신문으로 인식되는 『황성신문』이 같은 해에 모두 한문체소설을 연재한 흥미로운 사실에 관심을 갖고 세밀한 분석을 시도하고자 한다.

이 책은 1906년도 『황성신문』에 게재된 한문체소설과 『대한일보』에 게재된 한문체소설을 주요 연구대상으로 한다. 두 신문을 잠깐 짚고 넘어가면 다음과 같은 점들이 주목된다.

우선, 『황성신문』의 운영진은 개신유학자들이다. 「시일야방성대곡」을 게재하여 체포된 장지연을 비롯하여 남궁억, 유근, 박은식朴殷植 등은 실학에 바탕을 둔 개화를 표방하였다. 그들은 신문의 주필이자 기자의 역할을 함께 담당하고 있으며, 한문체소설은 그들의 취사선택을 거쳐 비로소 신문에 게재된다.

『대한일보』의 소설 연재를 담당한 편집자는 『용함옥』 30회 게재를 마무리하면서 기자는 금화산인金華山人이 남긴 초고草稿를 30회로 개작하여 게재[14]하였다고 밝히고 있다. 초고는 완성된 원고가 아니라는 점을 감안할 때 신문에 게재된 소설은 기자의 윤색을 거쳤음은 두말할 나위가 없다. 대부분 필명으로 간혹 무서명으로 발표되어 작가를 확인할 수 없는 상황에서 기자는 작가의 역할을 톡톡히 하고 있는 셈이다.

다음, 국한문 혼용이라고는 하지만 주로 한문을 사용함으로써 구한말 지식층, 양반・유생을 독자로 끌어들였다. 따라서 유생들을 위한 한문체소설, 한시漢詩 등을 많이 게재하고 고전의 출판에 열중하였다. 그러나 사대정신事大精神에 젖어 있는 양반・유생들뿐만 아니라 외국의 문물제도나 사상의 유입으로 한국의 기존 가치체계가 혼돈되어 있다고 보고 일반 국민에게도 한국혼韓國魂을 심어 주려고 노력하였다.[15] 그리하여 양계초梁啓超(1873~1929)의 저술 또는 번역도 게재하였다. 『독월남망국사讀越南亡國史』, 『독의대리건국삼걸전讀意大利建國三傑傳』 등이 그 대표적 경우인데 주지하다시피 양계초는 중국에서 '소설계혁명'을 주도하였으며, 신채호申采浩를 비롯한 박은식, 현채玄采, 장지연 등의 사상과 의식의 원류의 대부분은 그의 저술에서 연원淵源되었다.[16]

---

14 "本記者 ㅣ 評曰金華山人이 遺一草稿於本社ᄒᆞ야 惜其稗官之遺漏ᄒᆞ니 吾儕 ㅣ 乃演其辭而三十回ᄒᆞ야 登載于此ᄒᆞ니".(金華山人, 『龍含玉』 30, 『大韓日報』, 1906.4.3)

15 이광린, 「황성신문 연구」, 『동방학지』 53, 연세대 국학연구원, 1986.

16 牛林杰, 「개화기 소설장르의 형성과 梁啓超의 관련 양상」, 『비교문학』 29, 한국비교문학회, 2002. 이 부분은 주로 위 논문 참고함.

아래 연구대상을 구체적으로 밝히면 다음과 같다.[17]

① 『신단공안』, 1906년 5월 19일부터 12월 31일까지 총 190회에 걸쳐 『황성신문』에 연재, 무서명이다.

② 『일념홍』, 1906년 1월 23일부터 2월 18일까지 모두 16회에 걸쳐 『대한일보』에 연재, 작가는 일학산인一鶴散人이라는 필명을 쓰고 있다.

③ 『용함옥』, 1906년 2월 23일부터(제2회) 4월 3일까지 모두 30회에 걸쳐 『대한일보』에 연재, 작가는 금화산인金華山人이라는 필명을 쓰고 있다.

④ 『여영웅』, 1906년 4월 5일부터 『대한일보』에 연재된 소설로 확인 가능한 부분은 1906년 8월 29일까지 총 115회분, 작가는 백운산인白雲山人이라는 필명을 쓰고 있다.

2. 한문체소설에 대한 인식과 문제점

1906년도 한문체소설 관련 선행 연구는 근대, 애국계몽, 개화, 신문 등등 몇몇 키워드와 맞물려 전개되고 있다. 이는 이 시기 한문체소설을

17 『황성신문』에 게재된 『신단공안』 같은 경우는 『역주 신단공안』(한기형 · 정환국 편)이 2007년에 출판되어 원본 확인이 비교적 쉽다. 『대한일보』에 게재된 3편의 소설은 한국연구원에 소장되어 있는 신문을 촬영한 것으로 신문 상태에 따라 누락된 부분과 글자를 정확히 확인할 수 없는 부분이 많다. 『용함옥』은 제2회부터 확인 가능하며 제1, 7, 8회가 분실되었고, 『여영웅』은 8월 29일 자로 결말 부분을 확인할 수 없다.

논함에 있어서 중요한 지표가 되겠지만 자칫 선입견이 되어 작품 자체를 폄하하는 소지를 제공하기도 한다. 일례로 개화기소설은 이념적理念的인 강세성에 비해서 문예적文藝的인 성숙성이 따르지 못하는 미숙한 시대의 문학[18]이라고 하거나, 신문연재소설은 어디까지나 뉴스를 팔기 위한 조미료의 구실을 하는 것이기에 상업주의의 산물[19]에 지나지 않는다고 하는 것이 그 대표가 된다. 특히 후자의 경우, 그 당시 양반・유생을 위주로 구성된 한문체소설 작가층과 독자층에 견주어 볼 때 쉽게 수긍이 가지 않는 부분이다.

아래 이 책의 연구대상을 작품별로 관련 선행 연구를 검토해 보기로 한다.

우선 『신단공안』에 관한 선행 연구를 보면 주로 다음과 같다.

정환국[20]에 의하면 『신단공안』은 근대성에 견인되어 탄생한 결과물이 아니라, 전통적인 방식의 유형이 자기변화를 한 사례로 먼저 볼 필요가 있다고 하면서 전통서사인 송사소설과 공안소설을 매우 독특한 방식으로 결합시켜 새로운 유형의 범죄소설을 탄생했다고 하는 부분이 주목된다. 이는 근대와는 일정한 거리를 두고 한문체소설의 자체적인 변화에 관심을 보인 논문이다. 박소현[21]은 『신단공안』은 억압된 근대성을 보여주는 전형적인 근대계몽기 문학이라고 하면서 『신단공안』을 비롯한 근대 범죄소설 장르의 문화적 의미를 살필 필요가 있다고 주장하였

18 이재선, 「개화기소설연구의 현황과 방향」, 『한국학보』 3-1, 일지사, 1977, 241쪽.
19 한원영, 「한국개화기 신문연재소설의 태동과 특성」, 『국어교육』 63, 한국어교육학회, 1988, 69쪽.
20 정환국, 「송사소설의 전통과 『신단공안』」, 『한문학보』 23, 우리한문학회, 2010, 544쪽.
21 박소현, 「근대계몽기 신문과 추리소설-『神斷公案』을 중심으로」, 『중국어문학논집』 90, 중국어문학연구회, 2015, 331쪽.

다. 손병국[22]은 소재적인 면에서 번역과 번안의 과정을 통한 플롯의 첨가나 인물 유형상의 변화, 그리고 고전소설에서 보이는 주제의 구현이라든가 전통적인 결말법의 변개를 통해 고전소설로 접맥되는 것을 볼 수 있다고 하면서 중국소설과 관련하여 비교문학적인 고찰을 진행하였다. 증천부[23] 역시 비교문학적인 측면에서 『신단공안』 제1화, 제2화, 제3호는 명대明代 화본소설 『용도공안龍圖公案』의 번안 작품임을 다시 한번 확인하고,[24] 번안에 의한 의미적 변화에서 소설의 가치를 찾았다. 심재숙[25]은 『신단공안』을 근대계몽기 신작 고소설로 보고 제4화와 제7화는 전근대적 제도 및 의식의 청산을 계몽한 작품이고, 제1화, 제2화, 제3화, 제5화, 제6화는 심각한 정체성의 혼란을 겪고 있는 당대 상황을 극복하기 위해 전통적 윤리의식이 국민정신을 통어할 정신적 구심력이 되어야 함을 보여준 작품으로 대별하여 분석하였다.

그나마 『신단공안』에서 연구자들의 집중적인 주목을 받은 작품은 제4화와 제7화에 불과했다. 김찬기[26]는 『신단공안』이 소설로 연재되었음에도 불구하고 제4화(「김봉본전」)와 제7화(「어복손전」)는 예부터 전해오던 이야기(설화)를 전傳의 형식에 담아 새롭게 창작한 서사체이며 전대의 전 양식이 스스로의 자태 전환의 과정을 통하여 근대문학에 접맥되고 있는 모습을 보여준다고 하였다. 최원식[27]도 제4화를 주목하여 '봉

22 손병국, 「開化期 新聞連載小說에서의 明代白話短篇小說受容樣相」, 『東岳語文論集』 35, 東岳語文學會, 1999, 260쪽.

23 증천부, 「韓國小說의 明代話本小說 受容 硏究」, 부산대 박사논문, 1995.

24 심경호, 「朝鮮後期小說考證(1) - 포공연의 · 성풍뉴 · 왕경룡전 · 소시직금회문녹 · 소씨명행록」, 『한국학보』 15-3, 일지사, 1989에서 이미 밝힌 적이 있다.

25 심재숙, 『근대계몽기 신작 고소설 연구』, 월인, 2012, 283쪽.

26 김찬기, 「근대 계몽기 전 양식의 근대적 성격 - 『신단공안』의 제4화와 제7화를 중심으로」, 『한국근대문학 양식의 형성과 전개』, 깊은샘, 2003, 18~30쪽.

이 이야기'가 이미 1906년에 이만한 소설화 과정을 거쳤다는 점에 우선 깊은 안도감을 느낀다고 하면서, 꿈과 현실을 자유로이 넘나드는 판소리계 소설의 리얼리즘과는 다른 한 단계 전진한 모습, 말하자면 꿈의 세계가 완전히 사라지고 현실주의가 시종일관 관철되었던 것이라고 하였다. 이인종[28]은 조선 후기에 유행했던 건달전승乾達傳承은 1906년『신단공안』에 이르러 본격적으로 소설화되었으며, 제7화에서 '어복손魚福孫' 이라는 인물을 건달의 전형으로까지 끌어올린바, 그 또한 작품 전체는 시종일관 현실주의를 관철하고 있다고 하였다. 조상우[29]도『신단공안』 제7화는「어복손전」이며, '어복손'이라는 꾀쟁이 하인을 통해 조선의 현실을 비판적으로 보여주어 민중을 계몽하는 소설이라고 하였다. 그밖에 반재유[30]는『신단공안』을 단형서사로 출발한 '고사' 소재의 서사문학이 장형서사로 옮겨지는 과정으로 보고 문헌설화의 계승과 변용 차원에서 제4화와 제7화를 주목하였다.

이상『신단공안』 관련 선행 연구로부터 다음과 같은 몇 가지 공통점을 알 수 있다. 첫째, 번안과 관련하여 제1화, 제2화, 제3화, 제5화,[31] 전 양식과 관련하여 제4화, 제7화에 대한 연구가 이루어진 반면에 제6화에 대한 논의는 매우 부족하다. 시간적으로 앞선 연재가 그 다음의 연재를 위한 창작 준비 단계라고 볼 때 제6화에 대한 논의도 함께 이루어져

---

27 최원식,「鳳伊型 건달의 文學史的 意義」,『韓國近代小說史論』, 창조사, 1986, 187~212쪽.

28 이인종,「乾達傳承의 文學史的 意義」,『국어국문학논문집』 14, 동국대 국어국문학회, 1988, 120쪽.

29 조상우,「애국계몽기 한문소설「魚福孫傳」 연구」,『국문학논집』 18, 단국대 국어국문학과, 2002, 313쪽.

30 반재유,「『皇城新聞』 소재 서사문학 연구」, 연세대 박사논문, 2017.

31 제5화에 대한 연구는 손병국, 앞의 글 참고.

야 된다고 생각한다. 둘째, 대부분 연구는 내용적인 측면에서 전개되었으며, 계몽 관련 주제를 찾으려는 시도를 보여주고 있다.

다음, 『일념홍』의 선행 연구를 검토하기로 한다.

이재선[32]은 『일념홍』은 어떤 교훈적 실용성보다는 오락성만을 받아들이려고 한 독자에 철저히 영합迎合하려는 작가의 의도와, 또 신문사의 상업주의가 용하게도 잘 야합野合된 결과라고 하면서 다음과 같이 평가하고 있다. "① 한문이 위주여서 소설로서는 이조李朝소설보다 퇴행退行. ② 해외유학생海外留學生 첫 등장. 남녀동등권男女同等權이란 요소要素의 등장. ③ 은행, 학교 설립이란 개화의논開化議論은 다루고 있으면서도, 자주사상自主思想이나 국권國權에 대한 언급은 전무. ④ 제재題材의 새로움과는 달리 문장文章의 언문일치言文一致가 오히려 후행後行."

권영민[33]은 『일념홍』은 이인직의 『혈의누』보다 6개월 정도 앞선 최초의 신소설이며, 조선 대관과 일본 공사의 상반되는 역할을 강조함으로써 '조선보호론朝鮮保護論'이라는 식민주의 담론의 서사적 구현에 해당하는 친일 성향의 작품이라고 분석하였다. 김영민[34]은 『일념홍』은 그 소재가 당시대적이기는 하나 일단 문체가 한문현토체라는 점에서 오늘날 말하는 문학사적 개념으로서의 신소설에 해당한다고 볼 수 없다고 하면서, 구어체 한글의 사용을 근대소설사의 출발을 알리는 가장 중요한 지표로 간주하고 있다.

김윤규[35]는 『일념홍』은 그 가진바 구시대적 방법과 형식적 특성에 신

---

32 李在銑, 『韓國開化期小說硏究』, 一潮閣, 1972, 73~76쪽.

33 권영민, 「신소설과 조선 보호론의 실체–『一捻紅』과 『血의淚』의 경우」, 『한국 개화기 소설 연구』, 태학사, 2000, 65~69쪽.

34 김영민, 『한국 근대소설의 형성 과정』, 소명출판, 2005, 150쪽.

시대적 내용과 주장을 담아서 이러한 문학사적 역할 수행에 적절한 성격을 가지게 된 것이라고 하였다. 한편, 단선적 갈등을 보여주고 있으며, 전개방법은 주인공의 비범한 능력을 필수적인 요건으로 하는 구시대적 영웅소설과 대비되며 특히 구소설에서 갈등의 향배를 좌우하는 위치에 있던 왕이나 도덕률의 자리에 일본공사를 배치함으로써 친일적 의도를 효과적으로 드러내려 하였다고 하였다. 조용호[36]는 주제적인 측면에서 한문소설을 복고적인 성향의 작품, 개화를 지향하는 작품, 절충안을 모색하는 작품으로 나누고, 개화의식을 드러낸 작품가운데 『일념홍』은 서구식 교육과 실업의 필요성을 강조한다는 점에서 서구의 근대적인 기술의 도입과 수용에 주안점을 둔 소설이라고 하였다. 정환국[37]은 『일념홍』은 고대소설의 형식에다 당대의 시공간을 비교적 성공적으로 구성하고 고대소설의 외피를 쓴 것이기는 하지만 신문물의 수용양상이나 해외유학을 통한 근대교육 등을 통해 이어지는 신소설의 여러 작품들에 가교 역할을 한다고 하였다. 조상우[38]는 통감부가 설치되던 1906년 2월 1일을 중심으로 『일념홍』의 서사전개가 바뀌게 되는바, 조선 민중에게 반일 감정을 유화시키고자 홍보용으로 창작된 소설이라고 하면서 소재 면에서 새로운 시대상을 제시하였다고 하였다. 김형중[39]은 『일념홍』은 고소설에서 신소설로 발전해나가는 과도기적 성격을 지닌 대표

35 김윤규, 「〈일념홍〉의 문학사적 성격」, 『문화와 융합』 11, 한국문화융합학회, 1990, 367쪽.
36 조용호, 「개화기 한문소설의 주제의식」, 『한국문학이론과 비평』 17, 한국문학이론과비평학회, 2002, 244쪽.
37 정환국, 「愛國啓蒙期 漢文小說의 성격 규명을 위한 試論－『大韓日報』 연재소설을 중심으로」, 『한국한문학연구』 21, 한국한문학회, 1998, 335쪽.
38 조상우, 「『일념홍』 연구」, 『어문논집』 44, 민족어문학회, 2001, 212~213쪽.
39 김형중, 「『일념홍』의 構造的 特性과 時代意識－근대전환기 신문 연재소설 연구(1)」, 『국어국문학연구』 19, 원광대 국어국문학과, 1997, 552쪽.

적 작품으로 소설 형식은 고소설적인 데 반해, 그 내용은 신소설적인 중간 형태의 작품이라고 하였다.

이상에서 볼 수 있다시피 『일념홍』 관련 선행 연구는 한결같이 그의 친일문학적인 성격을 규명하는 데 비중을 두고 있으며, 문학사적인 위치를 과도기적 성격에서 찾으려는 시도를 보여주고 있다.

그 다음은 『용함옥』에 관한 선행 연구 검토이다.

정환국[40]은 『용함옥』과 고전소설 『왕경룡전王慶龍傳』과의 관계에서 출발하여 불완전한 구성이나마 양식사적인 이채성이 있다고 하면서도 그것을 구체적으로 밝히고 있지 않다. 손병국[41]은 작품의 줄거리로 놓고 볼 때 『용함옥』은 후반부 옥단玉檀의 입공立功 부분만 제외하면 『경세통언警世通言』 권24의 「옥당춘낙난봉부玉堂春落難逢夫」의 완전한 번안작이라고 할 수 있으며, 후반부에 들어 부副플롯의 첨가나 등장인물의 행동의 변형 등을 통해 전형적인 여류형 군담소설의 모습으로 변개되는 것을 볼 수 있다고 하였다. 김형중[42]은 『용함옥』은 그 주제나 구성・인물・배경 등에 고소설의 전형성을 그대로 드러내고 있어 고소설적인 개화기 한문소설이라고 말할 수 있다고 하였다.

이상에서 보면 『용함옥』 관련 한정된 논문은 주로 비교문학적인 고찰과 고전소설의 전승 차원에서 진행되었으며, 여장군이라는 인물형상에 일정하게 주목하였다.

---

40 정환국, 「愛國啓蒙期 漢文小說의 성격 규명을 위한 試論－『大韓日報』 연재소설을 중심으로」, 『한국한문학연구』 21, 한국한문학회, 1998, 337~338쪽.

41 손병국, 「開化期 新聞連載小說에서의 明代白話短篇小說收 受容樣相」, 『東岳語文論集』 35, 東岳語文學會, 1999, 272쪽.

42 김형중, 「開化期 漢文小說 硏究－신문 연재소설을 중심으로」, 『韓國言語文學』 40, 韓國言語文學會, 1998, 387쪽.

마지막으로 『여영웅』의 선행 연구에 대한 검토이다.

정환국[43]은 『여영웅』은 전대의 여성영웅소설의 전통을 유지하고 있고 여성의 사회 참여, 당시 열강의 약소국 침략의 상황 포착, 그리고 그 설정이 매우 현재적이라는 데 충분한 흥미를 둘 만하다고 하였다. 조상우[44]는 『여영웅』은 여성을 계몽하기 위한 소설이며, 전대소설의 서사 전통을 계승하고 있고, '아란국'을 개화시키는 이야기는 보다 현실적인 면이 있으며, 을사늑약 이후 암울한 현실을 타개하지 못하는 무능한 남성들에 대한 반발이 큰 동인이었을 것이라고 하였다. 따라서 작가는 기존의 남성 위주의 사회의 개혁을 위해 여성들은 아주 훌륭하고 뛰어난 능력의 소유자로, 남성은 그 반대로 설정하여 여성의 심리적 보상을 노리고 있다고 하였다. 조용호[45]는 『여영웅』은 물질적(해외의 선진 문물을 받아들여 문명국가 만드는 것)・정신적 영역(남녀평등 교육)의 두 측면에서 균형을 이루어야 하는 개화를 시대정신으로 주창하고 있는 소설이라고 하였다.

이상 논문이 보여주듯이 『여영웅』 관련 연구도 급급하게 개화와 계몽의 성격을 밝히는 데 초점이 맞춰져 있고 전대소설의 서사전통을 계승하고 있다고 하지만 구체적으로 언급하지 않았다.

이상의 연구사 검토를 토대로 다음과 같은 문제를 제기할 수 있다.

첫째, 이 시기 신문연재 한문체소설은 형식은 고소설, 주제나 제재에

43 정환국, 「愛國啓蒙期 漢文小說의 성격 규명을 위한 試論－『大韓日報』 연재소설을 중심으로」, 『한국한문학연구』 21, 한국한문학회, 1998, 338~341쪽.

44 조상우, 「愛國啓蒙期 漢文散文의 意識 志向 硏究」, 고려대 박사논문, 2002, 156~171쪽.

45 조용호, 「여장군소설의 개화기적 변화상－『대한일보』 연재소설 〈女英雄〉을 대상으로」, 『한국고전여성문학연구』 22, 한국고전여성문학회, 2011, 267쪽.

있어서는 신소설이라고 일언이폐지一言以蔽之하고 있다. 다시 말하면, 형식에 있어서는 새로운 변화가 없고 소위 계몽이나 개화의지를 담고 있기 때문에 그나마 신소설 또는 신소설의 중간 형태로 치부되고 있다는 뜻으로도 될 수 있다. 따라서 주제적인 측면에서 한문체소설의 과도기적 성격을 규명하려고 하였는바 이는 편파적이라고 볼 수밖에 없다.

둘째, 신문연재 한문체소설의 작가층은 주로 식자층인 양반과 유생, 독자층 역시 마찬가지로 한문소양을 갖춘 자들로 구성되었다고 밝히고 있다. 그러나 그 구성원은 개신유학자를 비롯해서 계몽주의자, 한문전통을 고수하는 보수적인 한문학자 등 매우 복잡하다. 『황성신문』에 연재된 『신단공안』은 계몽 관련 내용을 찾아보기 힘들고, 『대한일보』에 연재된 『여영웅』을 보더라도 비록 서사공간을 전 세계로 확장하면서 여성계몽을 주장하지만 그 기저에는 '문'에 대한 전통적인 개념이 자리 잡고 있다. 이는 또 양반・유생의 자부심과도 관련된 문제인데 근대로 접어들면서 소설의 지위가 상승했다 하더라도 소설 창작을 부끄럽게 여겨 서명을 하지 않거나 필명으로 대체할 정도였으며, 저속한 통속소설에 떨어지기 쉬운 위험성 때문에 엄청 고민할 수밖에 없었던 것이다.[46]

『대한일보』는 『용함옥』 30회 연재를 마무리하면서 다음과 같이 밝히고 있다.

> 盖稗官氏도 亦一史家者流라 採摭其勝事異跡과 奇人特行ᄒᆞ야 以附石室之餘流ᄒᆞ니 亦足寫懲惡創善之一種箴戒라 雖然이나 稗官之失이 或流於吊詭ᄒᆞ며 或馳於虛

46 한원영, 「한국개화기 신문연재소설의 태동과 특성」, 『한국어교육학회』 63, 한국어교육학회, 1988, 78쪽.

無ᄒᆞ야 惹起後人之不信者ㅣ特其一瑕疵耳라 至於王郎玉娘事ᄒᆞ야ᄂᆞᆫ 亦可以懲近世鄭衛之風焉이라 何者오 男子ᄂᆞᆫ 沈溺於色界而喪心失志ᄒᆞ야 流迭而不返者ㅣ有之ᄒᆞ며 至於娼妓之狐媚蠱毒은 尙矣勿論ᄒᆞ고 所謂(卅?－인용자주)室妾婦之近世行爲가 有朝逢夕散者ᄒᆞ고 東響而西應者ᄒᆞ야 百般醜態라 萬般□情(ᄂᆞᆫ?－인용자주) 有不可以人類로 稱焉者라 然則與狗彘之相狎相散으로 同一流也로ᄃᆡ 如王郎者ᄂᆞᆫ 一朝回棹ᄒᆞ야 成天下之事業ᄒᆞ고 玉娘은 誤落靑樓ᄒᆞ야 一心秉節ᄒᆞ고 誓死不違ᄒᆞ야 竟成天下之名節ᄒᆞ니 足使今世丈夫之軟腸과 爲妾婦者之薄者도 一見此龍含玉一通則足可以愧死矣라 此是人世風化之大關係而尤切於近日之最大惡俗故로 揭此龍含玉三十回小說ᄒᆞ야 以爲創善懲惡之一大寶箴云爾오 且續載稗官ᄒᆞ야 供愛讀者耽玩焉ᄒᆞ노라

—金華山人, 『龍含玉』(제30회), 『大韓日報』, 1906.4.3

위 인용문을 보더라도 편집자는 패관소설을 연재하면서 상당히 고민하고 있음을 알 수 있으며, 그 목적을 근세近世의 '정위지풍鄭衛之風'을 경계하는 데 둔다고 밝히고 있다. '정위지풍'에서 '정', '위'는 춘추전국春秋戰國 시대 정나라鄭國와 위나라衛國를 가리키는바, 두 지역의 시는 주로 남녀 간의 자유연애를 다룬 애정시가 주류를 이루고 있다. 따라서 편집자는 당시 만연하고 있는 자유연애풍조를 '정위지풍'에 빗대어 비판하고 있는바, 아침에 만났다가 저녁에 헤어지는 자들을 개나 돼지의 만남에 비유하듯이 보수적 성향이 매우 강하다.

이렇게 볼 때 이 시기 신문연재 한문체소설을 단순하게 상업적 산물로 보는 것은 다시 재고해야 할 것이다. 작가층이 양반·유생이고 독자층 또한 양반·유생이기 때문에 사회적 변동이 심한 근대 전환기에 있

어서도 전통적인 '문'의 개념에서 자유로울 수가 없었던 것이다.

셋째, 『황성신문』에 7화로 연재된 『신단공안』을 보더라도 번안이면 번안, 건달전승이면 건달전승 등 작품별로 연구가 이루어진 반면에 아쉽지만 7화를 하나의 유기체로 보고 연구를 진행한 논문은 없다. 7편의 이야기는 일단 시간적 순서로 연재되었고 매회 횟수가 다르며, 작품의 완성도도 다르다. 마찬가지로 『대한일보』에 연재된 3편의 소설은 비록 작가 서명이 다를지라도 편집자가 똑같고, 또 의도적으로 여성을 정면에 내세워 개화논의를 하였기 때문에 하나의 선상에서 연구가 가능하다.

넷째, 1906년도 신문연재 한문체소설의 과도기적 성격을 규명함에 있어서 물론 주제적인 측면도 중요하겠지만 형식적인 측면도 함께 다루어야 좀 더 객관적으로 이 시기 신문연재 한문체소설의 정체를 밝힐 수 있다. 단순하게 고대소설의 외피를 썼다고 결론 내리기보다 또는 새로운 주제의 수용 여부에 따라 문학사적 의미를 부여하기에 앞서 서사양식의 변화에 초점을 맞출 필요가 있다.

따라서 이 책에서는 1906년도 신문연재 한문체소설의 서사양식의 변화에 대한 선행 연구의 부족한 점을 보완하고 작품론에 보다 집중하고자 하였다.

연구 방법으로는 우선 무엇보다 실증적인 텍스트 고찰을 기본으로 하였다. 『대한일보』와 『황성신문』에 연재된 한문체소설 4편을 일일이 찾아서 촬영하고 꼼꼼한 텍스트 해독을 시도하였다. 그리고 비교문학적인 고찰과 아울러 서사학 이론을 접목함으로써 중국 의화본소설과 사전史傳 전통의 영향, 서사구조 등을 고찰하고 나아가서 한문체소설에 내포된 근대적 요소들의 실상을 낱낱이 밝혀내고자 하였다.

/ 제2장 /

중국 의화본擬話本소설의 창조적 재구성

1906년도 신문연재 한문체소설을 다루기에 앞서 우선 이 시기 신문연재 한문체소설 중 중국 의화본소설의 번안 작품이 상대적으로 많다는 사실이 주목된다.

『황성신문』에 발표된 『신단공안』 제1화 「미인경변일명 정남서부재취美人竟拚一命 貞男誓不再娶」, 제2화 「노대랑군유학 자비관음탁몽老大郎君遊學慈悲觀音托夢」, 제3화 「자모읍단효녀두 악승난도명관수慈母泣斷孝女頭 惡僧難逃明官手」는 각각 명나라 말기 단편공안소설집[1] 『용도공안龍圖公案』(『龍圖神斷公案』이라 불리기도 함)의 「아미타불강화阿彌陀佛講和」, 「관음보살탁몽觀

1 송사를 모티프로 하는 공안소설은 비록 중국 고전소설의 한 갈래 양식으로 자리 잡고 있지만 화본 이야기에서 진화되었으며 명대 의화본공안소설 또한 중국고전 백화단편 공안소설의 백미로 꼽히기 때문에 이 책에서는 『용도공안』을 의화본소설에 포함시켰다. 하지만 구조적인 측면에서 고찰할 때 『삼언이박』의 공안소설과는 달리 공안류 소설 구조 특징인 사건의 발생, 송사, 심리, 판결의 순서로 고찰하였다.

音菩薩托夢」, 「삼보전三寶殿」을, 제5화 「요경객설재성간 능옥리구관초공妖經客說齋成奸 能獄吏具棺招供」은 『초각박안경기初刻拍案驚奇』 권17 「서산관설록도망혼 개봉부비관추활명西山觀說籙度亡魂 開封府備棺追活命」을 번안하였다. 『대한일보』의 『용함옥』은 『경세통언警世通言』 권24 「옥당춘낙난봉부玉堂春落難逢夫」를 번안하였다. 이 외에도 『대한매일신보』에 연재된 『청루의녀전靑樓義女傳』(1906.2.6~1906.2.18)은 『경세통언』 권32 「두십낭노침백보상杜十娘怒沈百寶箱」을 번안하였다. 심지어 1909년도 『대한매일신보』 '신쇼셜'란에 발표된 순한글 소설 『보응報應』(1909.8.11~1909.9.7)은 『경세통언』 권5 「여대랑환금완골육呂大郎還金完骨肉」을, 1911년도 『매일신보』에 연재된 이해조의 신소설 『소양정昭陽亭』(1911.9.30~1911.12.16)마저 『유세명언喩世明言』 권2 「진어사교감금채전陳御史巧勘金釵鈿」을 번안했다는 사실이다.[2] 이는 역설적으로 내용과 형식면에서 의화본소설이 갖고 있는 일련의 특징이 이 시기 작가층과 독자층의 기대에 가장 잘 부응하는 장르가 될 수도 있다는 뜻이다. 따라서 1906년도 신문연재 한문체소설 작가들이 중국 의화본소설을 어떻게 창조적으로 재구성했는가를 밝히는 것은 이 시기 한문체소설의 정체를 밝히는 데 있어 가장 요긴한 작업이 될 수 있다.

의화본소설은 송宋(960~1279)·원元(1271~1368) 시대 화본소설의 형식을 모방해서 창작한 백화단편소설로 명明(1366~1644)나라 때부터 널리 유행되기 시작하였다. 화본소설과의 공통점은 모두 통속적인 백화白話소설이라는 점이고, 다른 점은 더 이상 설화說話예술의 저본底本이 아니라

2 손병국, 「開化期 新聞連載小說에서의 明代白話短篇小說受容樣相」, 『東岳語文論集』 35, 東岳語文學會, 1999 참고.

독자층의 독서 욕구를 만족시키기 위하여 전문적으로 창작된 문학작품이라는 점이다. 이는 송·원 시대 설화예술이 구전口傳 단계를 벗어나 서면화書面化 단계로 발전하였음을 의미한다. 다시 말해서 의화본소설은 이미 독자층을 인식하고 있고 또 인쇄술의 발달에 힘입어 책으로 출판되었다는 점이다.

루쉰魯迅(1881.9.25~1936.10.19)은 『중국소설사략中國小說史略』에서 송·원 시대에 탄생한 『대당삼장법사취경기大唐三藏法師取經記』, 『대송선화유사大宋宣和遺事』 두 작품을 가리켜 의화본소설이라고 하면서 이 용어를 최초로 제기하였다.[3] 그 작가층은 설화인說話人이 전부가 아니며 전문 작가들이 이야기를 보충하고 각색하여 소설로 만들었는바 설화 부분이 차츰 소멸됨으로써 화본이 마침내 저작물로 탈바꿈하게 되었다고 하였다.[4] 그러면서 통속소설이 발달하게 된 원인을 두 가지로 꼽았는데 마음을 즐겁게 하는 것(娛心)과 선을 권장하는 것이 바로 그것이며, 특히 권선勸善을 대종大宗으로 간주하였다.[5] 이런 의미에서 볼 때 1906년도 신문연재 한문체소설 중 의화본소설의 번안 작품이 유독 많은 것은 자연스럽게 설명이 된다. 마음을 즐겁게 한다는 것은 신문의 취미 위주의 상업적 특성과 잘 맞물리며 권선 또한 유교적 교화논리에 잘 부합되는

---

3 "至于全體被其變易者, 則今尙有《大唐三藏法師取經記》及《大宋宣和遺事》二書流傳, 皆首尾與詩相始終, 中間以詩詞爲點綴, 辭句多俚, 顧與話本又不同, 近講史而非口談, 似小說而無捏合."(魯迅, 『中國小說史略』, 新世界出版社, 2012, p.94)

4 "盖《宣和遺事》雖亦有詞有說, 而非全出于說話人, 乃由作者掇拾故書, 益以小說, 補綴聯屬, 勉成一書, 故形式僅存, 而精彩遂遜, 文辭又多非己出, 不足以云創作也.《取經記》尤苟簡. 惟說話消亡, 而話本終蛻爲著作, 則又賴此等爲其樞紐而已."(魯迅, 『中國小說史略』, 新世界出版社, 2012, pp.94~95)

5 "以意度之, 則俗文之興, 當由二端, 一爲娛心, 一爲勸善, 而尤以勸善爲大宗."(魯迅, 『中國小說史略』, 新世界出版社, 2012, p.86)

것이다. 또한 형식적인 측면에서 볼 때 의화본소설은 본문을 시작하기 전에 항상 평자의 말이 개입되는데 1906년도 신문연재소설에 와서 이 부분이 극대화되어 평자는 시도 때도 없이 소설에 개입하게 된다. 물론 이는 시대적인 개화나 계몽의 수요에 따른 것일 수도 있으며, 한편 작가나 독자층의 한계가 될 수도 있다.

1. 소설구조의 재배치

화본소설의 구조結構는 설화 예술인들의 설화표현방식을 따른 것인데, 그 구조는 '제목題目', 편수篇首, '입화入話', '두회頭回', '본문正話', '결말結尾' 등 6개 부분으로 나눌 수 있다. 의화본소설도 이 구조패턴을 답습하였는바, '입화'와 '두회'는 의화본소설 구조의 가장 중요한 특징이 될 수 있다.[6] 소설은 흔히 본문의 주제와 관련되는 시詩로 시작하며, 작가는 곧바로 그 시에 대해 짧게 논평을 진행하는데 '입화'는 바로 이 부분을 가리키며, 또 본문에 들어가기 전에 한 두 편의 짧은 이야기를 삽입하는데 이 부분이 '두회'에 해당된다. 그리고 결말 부분에서 시로 끝난다. 시로 시작해서 시로 끝나고, 중간중간 시로 점철한다. 정전둬鄭振鐸(1898.12.19~1958.10.17)도 일찍 이러한 화본소설의 구조에 주목하여

6 胡蓮玉, 「話本小說結構體制演進之考察」, 『江海學刊』(6期), 2004, p.146.

송대宋代 화본 중에 시나 사詞로 구성된 '입화' 부분이 가장 많다고 하였다.[7] 본문에 들어가기 전에 한두 편의 짧은 이야기를 삽입하는 것 역시 화본소설의 설화적 전통 때문에 양식적으로 고정되었다고 보고 있다.[8]

특히 풍몽룡馮夢龍(1574~1646)의 "삼언三言"[9]과 능몽초凌濛初(1580~1644)의 "이박二拍"[10]이 대표적 작품인데 우선 『초각박안경기』 권17 「서산관설록도망혼 개봉부비관추활명」을 번안한 『신단공안』 제5화 「요경객설재성간 능옥리구관초공」과 『경세통언』 권24 「옥당춘낙난봉부」를 번안한 『용함옥』을 고찰하고 그 다음 『용도공안』의 번안 작품과 기타 작품을 고찰해 보기로 한다.

〈도표 1〉에서도 보다시피 『초각박안경기』 권17 「서산관설록도망혼 개봉부비관추활명」은 의화본소설의 구조를 온전하게 갖추고 있다. '편수'는 '칠언절구七言絶句'로 되어 있고 '입화'는 도교 신앙에 관한 교훈적인 내용으로 시작하였으며, '두회' 부분에는 도교를 수련하는 법사의 짧은 이야기를 삽입하고 '결말' 부분은 등장인물별로 여섯 수의 '칠언절구'로 마무리하였다. 『경세통언』 권24 「옥당춘낙난봉부」는 '입화'와 '두회' 부분은 생략되어 있지만, '편수'와 '결말' 부분에는 똑같이 시(詞도 포함)가 배치되어 있으며, 본문 중간중간에 다수의 시를 삽입하였다.

---

7 "這些短篇話本的特色之一, 在於未入本文之先, 必有一段「入話」引起. (…中略…) 但在宋人話本中, 却以詩或詞做入話者最多. 先是念唱一首或若干首詩或詞, 然後再解釋這些詩詞."(鄭振鐸, 「宋元明小說的演進」, 『鄭振鐸古典文學論文集』, 上海古籍出版社, 2009, pp.369~370)

8 "因爲是講唱的, 所以保留許多說書的樣式, 開頭時總要說一篇閒話, 作爲引子, 在彈詞中稱「開篇」, 說書的稱「得勝頭廻」. 這是因爲說書時聽衆沒有來齊, 就在未正式開講以前, 先講一段可有可無的小故事作爲調劑."(鄭振鐸, 「中國古典小說中的小說傳統」, 『鄭振鐸古典文學論文集』, 上海古籍出版社, 2009, p.289)

9 '삼언'은 『유세명언喩世明言』, 『경세통언警世通言』, 『성세항언醒世恒言』 세 작품을 가리킨다.

10 '이박'은 『초각박안경기初刻拍案驚奇』, 『이각박안경기二刻拍案驚奇』 두 작품을 가리킨다.

〈도표 1〉『삼언이박』의 번안 작품 소설구조 비교

		題目	篇首	入話	頭回	正話	結尾
初刻拍案驚奇(卷17)	西山觀說籙度亡魂開封府備棺追活命	○	詩	도교 신앙에 관한 교훈적인 내용으로 시작함.	이야기 1편 삽입.	이야기에만 집중하고 평자 개입 없음.	등장인물별로 시로 마무리함.
神斷公案(제5화)	妖經客說齋成奸能獄吏具棺招供(21회로 개작함)	○	×	미신 타파 관련 내용으로 시작함.	×	聽泉子 개입 빈번하게 등장함.	桂巷稗史氏 논평으로 마무리함.
警世通言(卷24)	玉堂春落難逢夫	○	詩+詞	×	×	이야기에만 집중하고 평자 개입 없음.	시로 마무리함.
大韓日報	龍含玉(30회)	회별로 소제목 추가함.	확인 불가	확인 불가	확인 불가	이야기에만 집중하고 평자 개입 없음.	평자 개입 없이 소설자체로 마무리함.

※ ○=있다, ×=없다

그렇다면 고전소설 작가들은 소설을 창작하면서 왜 다수의 시를 삽입하고 있는가? 소설에서 시가 담당하는 서사적인 기능은 무엇인가? 다행히 이와 관련된 선행 연구가 비교적 풍부하여 그것을 토대로 다음과 같이 정리할 수 있다.

첫째, 무엇보다도 소설의 비천한 지위 때문이다. 수천 년 간 한문학의 정통적 지위는 시가 독점하고 있었으며, 소설은 패관들이 길거리나 뒷골목의 이야기를 몇 마디 기록한 것에 불과하였다. 따라서 부득이 소설을 창작하게 되더라도 다수의 시를 삽입함으로써 소설에 대한 독자들의 거부감을 줄이고 소설의 품위를 상승시키려고 시도하였던 것이다.

둘째, 원래 믿을 만한 것이 못되고 허황된 장르인 소설의 내용에 일정한 신빙성을 부여하기 위해서이다. 따라서 소설에 시를 삽입하는 가장 보편적인 방식은 '유시위증有詩爲證', 즉 '시가 있어 이를 증명한다'인데

〈도표 2〉「옥당춘낙난봉부」의 삽입 시(詩詞)

위치	시(詞)	서사적 기능
篇 首	公子初年柳陌游,玉堂一見便綢繆;黃金數萬皆消費,紅粉雙眸枉淚流.財貨拐,仆駒休,犯法洪同獄內囚;按臨驄馬寃愆脫,百歲因緣到白頭.	본문 이야기 내용을 개괄하거나 암시함.
正 話(17수)	但見：人煙湊集,車馬喧闐.人煙湊集,合四山五岳之音;車馬喧闐,盡六部九卿之輩.做買做賣,總四方土産奇珍;閑蕩閑游,靠萬歲太平洪福.處處胡同鋪錦繡,家家杯斝醉笙歌.	환경 묘사임.
	果然是：花街柳巷,繡閣朱樓.家家品竹彈絲,處處調脂弄粉.黃金買笑,無非公子王孫;紅袖邀歡,都是妖姿麗色.正疑香霧彌天靄,忽聽歌聲別院嬌.總然道學也迷魂,任是眞僧須破戒.	환경 묘사임.
	果然生得好：鬢挽烏雲,眉彎新月;肌凝瑞雪,臉衬朝霞.袖中玉笋尖尖,裙下金蓮窄窄.雅淡梳妝偏有韻,不施脂粉自多姿.便數盡滿院名姝,總輸他十分春色.	인물 묘사임.
	正是：各人自掃門前雪,莫管他家瓦上霜.	작가의 논평임.
	正是：囊中有物精神旺,手內無錢面目漸.	작가의 논평임.
	正是：一般院子里,苦樂不相同.	작가의 논평임.
	妝豊圈套入需蹺,鴇子焉能不强從.亏殺玉堂垂念永,固知紅粉亦英雄.	작가의 논평임, 내용을 암시하기도 함.
	如同久旱逢甘雨,好似他鄕遇故知.	작가의 논평임.
	正是：周郎妙計高天下,賠了夫人又折兵.	작가의 논평임.
	分明是：月被雲遮重露彩,花遭霜打又逢春.	작가의 논평임.
	有詩爲證：對月燒香禱告天,何時得泄腹中寃.王郎有日登金榜,不枉今生結好緣.	내용의 신빙성을 확보하기 위한 수단임.
	正是：可人去後無日見,俗子來時不待招.	작가의 논평임.
	正是：請下煙花諸葛亮,欲圖風月玉堂春.	작가의 논평임.
	正是：已將路柳爲連理,翻把家鷄作野鴛.	작가의 논평임.
	正是：你向東時我向西,各人有意自家知.	작가의 논평임.
	正是：安排縛虎擒龍計,斷送愁鸞泣鳳人.	작가의 논평임.
	正是：萬兩黃金難買命,一朝紅粉已成灰.	작가의 논평임.
結 尾	有詩嘆云：鄭氏元和已著名,三官嫖院是新聞.風流子弟知多少,夫貴妻榮有幾人.	편수 시와 호응함, 내용의 신빙성 추가함.

이는 작가가 독자들의 믿음을 얻기 위한 서사적 기교로 자리 잡고 있다.[11]

셋째, 삽입된 시는 그 내용에 따라, 인물이나 환경에 대한 세부적 묘사가 되며, 전지적 서사에서 작가가 소설에 개입하는 한 가지 방식으로 논설적인 내용을 위주로 구성되고 있다. 한편 스토리 전개에 있어서는 위 이야기를 매듭짓고 그 다음에 발생하는 이야기를 암시하는 '복선'의 역할도 함께 하고 있다.

「옥당춘낙난봉부」를 일례로 삽입된 시의 여러 가지 양상을 고찰해 보아도 위와 같은 서사적 기능을 뚜렷하게 확인할 수 있다.

〈도표 2〉에서 볼 수 있다시피 작중에서 환경묘사나 인물묘사 부분을 대부분 시가 대신하고 있으며, 세태에 대한 비판이나 교훈적인 내용으로 구성된 시가 많은 비중을 차지하고 있다. 또한 내용의 사실성을 강조하기 위하여서도 '유시위증, 유시탄운有詩嘆云'(시가 있어 감탄하기를)식으로 두 편의 시를 도입하고 있다.

돌아와서 번안 작품을 고찰해 볼 때 위와 같은 기능을 하는 시는 작품에서 전부 제외되었다. 이러한 경향은 단지 몇 편의 번안소설뿐만 아니라 1906년도 신문연재 한문체소설 전반에 걸쳐 매우 보편적이다. 제목이나 매회 소제목을 시로 표현한 것 외에 본문에서는 시를 찾아보기 힘들다. 『대한일보』에 연재된 『여영웅』[12]은 이것마저도 무시하는 경향을 보이고 있는바 아예 속續으로 매회 소제목을 대체하고 있다. 그나마 있

11 郭光華, 「論中國古典小說中的"有詩爲證"」, 『湖南師範大學社會科學學報』(第5期), 1992, p.96.

12 "闖王이 指揮周師ᄒᆞ야 一時突進ᄒᆞ니 馬廷芳이 督戰益急ᄒᆞ야 退却闖兵ᄒᆞ고 號令王師ᄒᆞ야 進于石頭城ᄒᆞ니 政是 山圍古郭周遭在 潮打空城寂寞迴".(白雲山人, 『女英雄』(제7회 續24), 1906.8.3) 『여영웅』은 유일하게 제7화 속24 한 곳에 위와 같이 환경묘사로 시를 사용한 경우를 확인할 수 있는데, 실수처럼 삽입된 이 시는 오히려 작가가 의도적으로 소설에서 시를 제외하고 있음을 반증해주고 있다.

는 소제목도 글자 수가 일정하지 않는데, 제1회와 제2회 소제목 시는 8언2구八言二句, 제3회는 9언2구, 제4회는 10언2구, 제5회는 8언2구, 제6회는 7언2구, 제7회는 8언2구로 매우 혼란스럽다. 간혹 한두 편의 시가 눈에 띄기는 하지만 그것은 주인공들이 술자리에서 흥을 돋우기 위해 풍류를 읊은 시에 불과하며 위와 같은 서사적 기능을 위해 삽입한 시는 아니다.

따라서 위와 같이 중요한 역할을 하던 시가 1906년도 신문연재 한문체소설에서 제외되었다는 점은 한문체소설의 자체적인 진화로 볼 수 있다. 물론 소설의 지위가 상승한 것도 중요한 요인이 되겠지만 더욱 중요한 것은 서사적인 측면에서 시의 기능을 대체할 수 있는 소설적 장치가 마련되었다는 점이다.

반면에 신소설 또는 토론체 소설의 범주로 분류되는 같은 시기 신문연재소설 『거부오해』에서도 이러한 양상은 여전히 존재하고 있다. 김종훈은 1905~1906년 사이 『대한매일신보』에 연재된 단형 서사물 「향객담화」, 「쇼경과 안즘방이 문답」, 「향로방문의싱이라」, 「거부오해」, 「시사문답」을 상대로 삽입시가를 연구하면서 다음과 같이 적고 있다.

> 시가가 대화나 작품의 마지막에 삽입된 사실은 또한 당대 서사문학의 미숙함을 드러내는 단서이다. 감정의 최고조에서 단형 서사는 이 감정을 처리하는 데 다른 장르를 빌려 오고 있기 때문이다. 근대 계몽기의 단형 서사의 서술 기법은 동시대의 현실을 드러내는 기법이 아직 마련되지 않았던 것이다. (…중략…) 후대의 서사문학은 극적 효과를 떨어뜨리지 않으면서 감정의 최고선을 서사 기법으로 소화해 낸다.[13]

〈도표 3〉『신단공안』의 평자 개입 양상

	篇首	正話	結尾	개입 양상
제1화 (6회)	×	×	1	桂巷稗史氏 1번 개입함.
제2화 (12회)	×	×	2	개입자 桂巷稗史氏와 聽泉子 둘로 나뉨. 소설 마지막 회를 차지함.
제3화 (16회)	×	1	2	개입자 桂巷稗史氏와 聽泉子 둘로 나뉨. 본문 1번 개입이 좀 특이한데 괄호 안에 앞의 글에 대한 설명으로 이루어짐. 예 : 念此老僧飢腸(俗諺爲久斷色念爲飢)ᄒᆞ고.
제4화 (45회)	×	20	2	(評者曰), (評曰), 聽泉子曰, 桂巷稗史氏曰 등 평자의 개입이 대폭 향상함.
제5화 (21회)	1	13	1	聽泉子나 桂巷稗史氏 개입뿐만 아니라 괄호 안에 평자의 평을 담는 방식의 개입이 매우 보편적임.
제6화 (20회)	1	36	확인 불가	評의 내용이 풍자, 설명, 묘사 등 매우 다양함.
제7화 (70회)	2	121	1	1회 분량의 연재에 評이 차지하는 분량이 압도적으로 많은 경우도 있음. 예 : 제12회, 제15회.

그렇다면 1906년도 신문연재 한문체소설이 시를 삽입하고 있지 않다는 사실 자체가 이러한 미숙함을 어느 정도 극복하고 있다는 반증이 된다. 따라서 어떻게 극복하고 있는지를 좀 더 면밀히 살펴야 하는데 일단 여기에서는 소설 구조적 측면에서 살펴보기로 한다. 위에서도 지적했다시피 소설에 시를 삽입하는 것은 전지적 서사에서 작가가 소설에 개입하는 한 가지 방식으로 논설적인 내용이 많은 비중을 차지하고 있다. 1906년도 신문연재 한문체소설에 와서 이러한 개입은 시가 아닌 평자의 직접적인 개입으로 바뀌는데 매우 적극적인 양상을 띠고 있다. 특히 『신단공안』이 요주의 작품인데 제1화부터 제7화에 이르기까지 그

13 김종훈, 「근대계몽기 단형 서사 삽입 시가 연구－「향객담화」, 「소경과 안즘방이 문답」, 「향로방문의싱이라」, 「거부오해」, 「시사문답」(『대한매일신보』, 1905.10.29~1906.4.12)을 중심으로」, 『우리어문연구』 23, 우리어문학회, 2004, 432~433쪽.

개입 양상이 어떻게 진행되고 있는지 살펴보기로 한다.

〈도표 3〉을 보더라도 계몽이나 유교적 교화에 앞장선 『황성신문』에 연재된 소설답게 평자의 개입이 얼마나 빈번하게 등장하는지 실감할 수 있다.

우선, 개입자가 '계항패사씨' 한 명에서 시작하여 '청천자'까지 크게 둘로 나뉘며, 또 괄호 안에 '평자왈評者曰', '평왈評曰', 혹은 직접 '평評'을 진행하는 방식으로 적어도 개입자가 3~5명으로 등장한다.

다음, 그 위치를 볼 때 연재소설 초반(『신단공안』 제1화~제3화)에는 흔히 '결말' 부분에 '계항패사씨'와 '청천자' 두 사람의 개입으로 마무리되지만 중반부터는 특정된 곳이 없이 매우 자유롭게 등장하고 있다. 소설 본문正話 부분만 볼 때 제4화에서는 평자 개입이 20회, 제5화에서는 13회, 제6화에서는 36회, 제7화에서는 무려 121회로 나타나고 있다. 제7화는 심지어 1회 분량의 연재에 있어서 평자의 평이 차지하는 분량이 소설 내용보다 압도적으로 많은 경우도 있다. 따라서 작가(또는 기자)는 평을 통해 소설 자체를 비평하고 독자와 소통하려는 모습을 보여주고 있다.

그 다음, 내용적인 측면을 볼 때 논설뿐만 아니라 풍자, 심리묘사, 설명 등 매우 다양하게 구성되고 있다. 『신단공안』 제5화에 등장하는 개입을 일례로 살펴본다.

只見郡守一喝下에 左右夾棍者가 將棍將打來ᄒᆞ야 一一招出眞情ᄒᆞ니 尹氏在庭下看了에 只得一暗暗叫苦라 郡守가 隨叫官人ᄒᆞ야 走獄中取出癸童來ᄒᆞ니 癸童이 經過庭下ᄒᆞ다가 見得一具新材的棺木ᄒᆞ고 心裡에 擺着慌了ᄒᆞ야 暗暗地叫苦(尹氏

로 暗暗叫苦ᄒᆞ고 癸童도 暗暗叫苦ᄒᆞ니 母的子的가 同時叫苦로ᄃᆡ 一個叫苦ᄂᆞᆫ 是爲奸夫오 一個叫苦ᄂᆞᆫ 是爲自身的니 叫苦一句語ᄂᆞᆫ 同而叫苦之內容은 不同ᄒᆞ고 一個叫苦ᄂᆞᆫ 苦盡得甘ᄒᆞ고 一個叫苦ᄂᆞᆫ 苦上更苦ᄒᆞ니 苦之境은 同而叫苦之結果ᄂᆞᆫ 不同ᄒᆞ니 嗚呼라 母子之間에 一苦一樂이 逈然天壤이로다) 道昨日就獄時에 城主說話也好ᄒᆞ야 料必不致傷命이러니 那知今日이 竟成絶命日也리오ᄒᆞ고…

—『神斷公案』(제5화), 『皇城新聞』, 1906.9.12

『신단공안』 제5화 연재 20회에서 등장하는 위 내용은 평자를 밝히지 않은 채 직접 괄호 안에 논설을 진행한 부분인데 심리묘사와 풍자를 아우르고 있어서 매우 다채롭다. 비록 괄호를 사용하기는 하였지만 양식적인 면에서 고전소설의 형식을 충분히 탈피할 수 있는 가능성을 보여주고 있다.

한편 빈번한 개입에도 불구하고 평자는 소설과 일정한 객관적 거리를 확보하고 이야기의 사실성을 강조하려고 하는 점이 매우 흥미로운데 『신단공안』 제7화 '편수' 부분에서는 다음과 같이 쓰고 있다.

桂巷稗史氏曰宇宙가 廣大에 無變不有로다 癡人이 從古何限이리오만은 若吳永煥의 驅全家入龍宮은 是今古第一等癡夢人이오 黠兒가 從古何限이리오만은 若魚福孫의 逞頑心覆主人은 是今古無對的奇慘事니 悲夫라 雖然이나 斯豈魚福孫의 黠哉아 吳永煥의 癡也로다 余往年에 遊蘂城(忠州古號)之古江村ᄒᆞ니 其村人이 往往說魚福孫라 聽未半에 不覺鬚髮이 皆立ᄒᆞ더라

—『神斷公案』(제7화), 『皇城新聞』, 1906.10.10

평자인 계항패사씨가 최초로 의화본소설 '편수' 부분에 해당하는 서두에 등장하면서 고강촌古江村 사람들한테서 이 이야기를 들었는데 절반도 채 듣기 전에 머리털이 곤두섰다고 쓰고 있다. 그리고 화설話說로 본문을 시작하는데 이는 다음과 같은 몇 가지 사실을 전달하고 있다.

첫째, 최초로 평자인 계항패사씨가 소설 앞부분에 평자가 아니라 서술자로 등장한다. 다시 말하면 계항패사씨가 소설의 작가인 셈이다. 10월 26일 연재분에 등장하는 또 다른 개입자 '청천자'도 계항패사씨의 패담稗談을 읽고 '오 진사'의 어리석음을 한탄한다고 밝히고 있다.[14]

둘째, 따라서 계항패사씨가 전술傳述하는 이야기는 일정하게 객관화되며, 이야기 자체에 신빙성을 더해주게 되었다.

셋째, 또한 이야기 내용과 일정한 거리를 확보함으로써 서술자 시점에 있어서 좀 더 자유롭게 이야기를 전개할 수 있게 되었다.

넷째, 위 세 가지 사실을 결합해 보면 미숙하지만 근대 액자소설의 구성을 어느 정도 보여주고 있다.

다음 『용도공안』의 번안 작품을 살펴보기로 한다. 주지하다시피 명대는 공안소설 창작의 전성기인바 의화본공안소설은 중국고대 백화단편공안소설의 백미이다. 구조적인 측면에서 볼 때 스토리는 사건 발생, 소송, 사건 심리, 판결의 순서로 전개되고 있다. 〈도표 4〉에서 『신단공안』 1, 2, 3화의 개작 양상을 도표로 정리하였다.

14 "聽泉子曰余讀桂巷稗談이라가 至吳永煥被人廝打홀식 旣不能知人善察ᄒᆞ야 防辱於未然ᄒᆞ며 次不能隨事善應ᄒᆞ야 却恥於已然ᄒᆞ고 直而闇ᄒᆞ야 被一枝紅의 罵弄을 如此하며 愚而戾ᄒᆞ야 遭那生員의 行悖을 至此ᄒᆞᆫ되 尙不知反躬自省ᄒᆞ고 蝟蹙鼠伏□悖拳之下ᄒᆞ야 猶蚩蚩然自信曰朕夢이 協朕卜이라 ᄒᆞ니 豈非聖人所謂其愚를 不可及者耶아".(『神斷公案』(제7화), 『皇城新聞』, 1906.10.26)

〈도표 4〉『용도공안』의 번안 작품 소설구조 비교

		사건 발생	소송	사건 심리	판결
龍圖公案	阿彌陀佛講和	○	○	○	○
神斷公案 (제1화)	美人竟拚一命 貞男誓不再娶 (6회로 개작)	1~2회	3회	4~5회	6회
龍圖公案	觀音菩薩托夢	○	○	○	○
神斷公案 (제2화)	老大郎君遊學 慈悲觀音托夢 (12회로 개작)	1~8회	9회	10회	11회
龍圖公案	三寶殿	○	○	○	○
神斷公案 (제3화)	慈母泣斷孝女頭 惡僧難逃明官手 (16회로 개작)	1~6회	7회	8~15회	16회

『용도공안』의 세 작품은 대체로 사건 발생과 사건 심리에 치중하고 있고 차지하는 분량도 비슷하며, 소송과 판결 부분은 극히 짧은 분량을 차지한다. 반면에 『신단공안』을 살펴보면 제1화는 큰 변화 없이 『용도공안』과 비슷한 양상을 보이고 있지만 제2화부터 사건 발생 부분이 압도적으로 전체 12회 분량에서 8회를 차지하며, 사건 심리 부분은 송사나 판결과 비슷한 분량을 차지하고 있다. 제3화는 오히려 사건 심리 부분이 전체 16회 분량에서 8회를 차지함으로써 근대 추리소설의 양상을 띠고 있다. 결말 부분에서 『용도공안』은 사건을 판결하고 나서 주인공의 결말을 제시하는 방식으로 마무리하고 있지만 『신단공안』은 계항패사씨나 청천자의 논설로 마무리하고 있다.

『신단공안』 제6화는 아직 번안 작품임이 밝혀지지 않았고 따라서 온전한 개인 창작으로 볼 수 있기 때문에 작가의 창작 의도를 밝히는 데 매우 중요한 실마리를 제공한다.

〈도표 5〉『신단공안』의 기타 작품

		사건 발생	소송	사건 심리	판결
神斷公案 (제6화)	踐私約頑童逞凶 借神語明官捉奸 (20회)	1~15회	16회	17~19회	20회

〈도표 5〉를 통해 보면 제6화는 전체 20회 분량 중 사건발생 부분이 무려 15회를 차지한다. 전반적으로 볼 때 사건 발생 부분에서 가장 큰 변화가 있음을 알 수 있는데 사건발생과정을 충분하게 묘사함으로써 소설에서 발생하는 송사사건은 충분한 개연성Probability을 확보하게 된다. 따라서 1906년도 신문연재 한문체소설은 더 이상 고전송사소설에서 흔히 등장하는 우연에 의한 스토리 전개가 아니라 개연성을 통해 일정한 보편성을 획득하고 있다. 또한 소설 자체에 더욱 집중하기 위하여 의화본소설의 '편수', '입화', '두회' 부분에 해당되는 내용도 모두 외면하고 있다.

따라서 1906년도 신문연재 한문체소설은 의화본소설에 대한 번안과 개작의 과정을 거쳐 근대적 소설 장르에 조금 더 접근하고 있음을 알 수 있다.

2. 등장인물 유형의 변화

1906년도 신문연재 한문체소설의 정체성을 밝히기 위하여서는 또 작품의 등장인물 유형의 변화를 살펴볼 필요가 있다. 비록 중국 의화본 소설을 번안한 것은 사실이지만 작가들은 분명한 창작의도를 갖고 시대적 분위기에 맞춰 작품을 재창작하고 있는바 등장인물의 유형에서도 큰 변화를 보여주고 있다.

우선 『신단공안』의 등장인물을 도표로 정리해 본다. 〈도표 6〉을 보면 우선 『신단공안』 제1화에서 등장인물의 신분이 상승한 사례를 확인할 수 있는데 주인공의 배필인 여성 주인공의 신분과 관련하여 원래 백정屠戶의 딸에서 부호富戶의 딸로 바뀌었다. 그리고 원작에서 사건의 해결에 도움을 준 기생은 번안 작품에서 찾아볼 수 없다.

『신단공안』 제2화에서 특별히 주목되는 점은 신분이 선비秀才로 나와 있는 남성 주인공 '송지환'의 경력이다. 비록 선비 출신이지만 그는 생계를 위해 노역에 종사하는 것도 서슴지 않으며, 농업의 중요성을 역설[15]하기도 한다. 심지어 노역으로 번 돈을 모두 도박에 탕진한다. 따라서 선비라기보다 건달에 가까운 인물유형이다. 결국 착한 아내를 만나 다시 공부를 시작함으로써 개과천선하는 스토리가 되었지만 또한 그것 때문에 곤경에 처하기도 한다. 이로써 근대적인 신분 해체와 고대적인

---

15 "宋郎이 曰夏月炎天에 耕耘壟畝홀식 汗滴如雨로ᄃᆡ 不敢言苦ᄒᆞ야 去盡百種惡草ᄒᆞ고 長了一種嘉穀ᄒᆞ얏스니 今夫東隣西舍에 安居而飽食者가 皆我輩的功勞오".(『神斷公案』(제2화), 『황성신문』, 1906.5.26)

〈도표 6〉 번안 작품 등장인물 비교

<table>
<tr><th></th><th></th><th>등장인물</th><th>나이</th><th>신분</th><th>변화 양상</th></tr>
<tr><td rowspan="7">龍圖公案</td><td rowspan="7">阿彌陀佛講和</td><td>許獻忠</td><td>18세</td><td>秀才</td><td rowspan="13">① 등장인물 신분 상승함. 屠戶→富戶
② 중국 淸官을 한국 청관으로 바꿈.
③ 부차적 인물인 기생을 제외함.</td></tr>
<tr><td>蕭輔漢</td><td>×</td><td>屠戶</td></tr>
<tr><td>淑玉</td><td>17세</td><td>딸</td></tr>
<tr><td>明修</td><td>×</td><td>和尙</td></tr>
<tr><td>包公</td><td>×</td><td>淸官</td></tr>
<tr><td>王忠/李義</td><td>×</td><td>公差</td></tr>
<tr><td>娼婦</td><td>×</td><td>기생</td></tr>
<tr><td rowspan="6">神斷公案
(제1화)</td><td rowspan="6">美人竟拚一命
貞男誓不再娶
(6회)</td><td>許憲</td><td>18세</td><td>士族</td></tr>
<tr><td>河景漢</td><td>年近五旬</td><td>富戶</td></tr>
<tr><td>淑玉</td><td>16세</td><td>딸</td></tr>
<tr><td>悟性</td><td>×</td><td>和尙</td></tr>
<tr><td>晉州牧使李公琯</td><td>×</td><td>淸官</td></tr>
<tr><td>差使二人</td><td>×</td><td>公差</td></tr>
<tr><td rowspan="5">龍圖公案</td><td rowspan="5">觀音菩薩托夢</td><td>丁日中</td><td>×</td><td>秀才</td><td rowspan="13">① 소설 초반에 남성 주인공은 선비보다도 건달에 가까움.
② 아들과 어르신 두 인물 추가함.
③ 주인공들 나이 많음.
④ 正宗朝御極八載이면 1784년으로 추정되는바, 兪拓基의 사후임.</td></tr>
<tr><td>鄧氏</td><td>×</td><td>妻</td></tr>
<tr><td>性慧</td><td>×</td><td>僧</td></tr>
<tr><td>二道士</td><td>×</td><td>轎夫</td></tr>
<tr><td>包公</td><td>×</td><td>淸官</td></tr>
<tr><td rowspan="8">神斷公案
(제2화)</td><td rowspan="8">老大郎君遊學
慈悲觀音托夢
(12회)</td><td>宋之煥</td><td>年近三十</td><td>秀才</td></tr>
<tr><td>李娘子</td><td>20세(過年)</td><td>妻</td></tr>
<tr><td>慧明</td><td>×</td><td>僧</td></tr>
<tr><td>轎軍二名</td><td>×</td><td>轎軍</td></tr>
<tr><td>兪公拓基
(1691~1767)</td><td>×</td><td>巡察</td></tr>
<tr><td>瑞麟</td><td>10세</td><td>아들</td></tr>
<tr><td>金生</td><td>×</td><td>長者(어르신)</td></tr>
<tr><td>女僧二名</td><td>×</td><td>士族家女子</td></tr>
</table>

		등장인물	나이	신분	변화 양상
龍圖公案	三寶殿	韋達德	×	民(일반인)	① 친구 1명 추가하고 첩을 제외함. ② 주인공 신분 상승함. ③ 청관보다 탐관 이미지 부각함.
		黃蕙娘	×	妻	
		玉姬	16세	딸	
		韋達道	25歲卒	동생	
		陳順娥	×	妻	
		徐妙蘭	×	妾	
		陳大方	×	順娥之兄	
		一淸	×	僧	
		包公	×	大巡	
		知府	×	知府	
		尹知縣	×	貪官	
神斷公案(제3화)	慈母泣斷孝女頭 惡僧難逃明官手(16회)	崔昌朝	×	士人	
		黃氏	×	妻	
		蕙娘	14세	딸	
		昌夏	年未三十卒	동생	
		金氏	×	妻	
		大方	×	金氏之兄	
		一淸	×	僧	
		李三郎	少年	昌夏莫逆親朋	
		判官南公夏永	×	貪官	
		觀察	×	淸官	
初刻拍案驚奇(卷17)	西山觀設籙度亡魂 開封府備棺追活命	吳氏	未滿三十	有個女人	① 일반인의 송사로 '효'에 치중함. ② 또 다른 등장인물로 착각할 정도로 평자의 개입이 빈번하게 등장함.
		劉達生	12세	아들	
		黃妙修	×	道士	
		太淸/太素	×	道童	
		府尹李杰	×	淸官	
		公人一人	×	公差	
神斷公案(제5화)	妖經客說齋成奸 能獄吏具棺招供(21회)	尹氏	年未三十	有個女人	
		鄭癸童	12세	아들	
		黃經	×	道士	
		享男/黃龍	×	經童	
		郡守李觀	×	淸官	
		官人一人		公差	

개과천선 주제가 접목되는 양상을 보여주고 있다. 그 다음으로 주목되는 점은 등장인물의 나이를 확인할 수 없는 원작과는 달리 주인공들의 나이가 구체적으로 제시되고 있는데, 그 연령대도 흔히 재자가인才子佳人의 신분에 걸맞게 이팔청춘의 나이로 묘사되던 고전소설과는 달리 과년으로 설정되고 있다. 남성 주인공은 무려 30세이고 여성 주인공 또한 20세를 넘어 과년이다. 그리고 원작에서 판사 역할을 하던 '포공包拯(999~1062)'은 조선 후기의 문신 '유척기兪拓基'로 대체되고 있다. 하지만 유척기의 생존연대(1691~1767)와 소설의 배경시간(正宗朝御極八載, 1784년으로 추정됨)을 비교해 보면 서로 모순되는바 사건 발생 시점은 유척기 사후이다. 그럼에도 불구하고 유척기라는 실제 인물을 판사로 등장시킨 것은 이야기의 사실성을 확보하려는 작가의 노력이었을 것이다. 그 다음 송사 부분을 볼 때 원작은 포공이 연속 3일 같은 꿈을 꾸고 주인공을 구출하게 되는데 주인공이 직접 고발함으로써 송사가 발생한다.[16] 하지만 『신단공안』은 송사 부분에 영리한 아들 '서린瑞麟'을 추가하였는데 아들이 탐문 수색을 벌인 후 아버지 대신 소송장을 제출[17]하는 자연스러운

16 "過了三日, 適値包公巡行其地, 夜夢觀音引至安福寺方丈中, 見鐘下覆一黑龍. 初亦不以爲意, 至第二, 三夜, 連夢此事, 心始疑異. 乃命手下徑往安福寺中, 試看何如. 到得方丈坐定, 果見方丈後有一大鐘, 卽令手下抬開來看, 只見一人餓得將死, 但氣未絶. 包公知是被人所困, 卽今以粥湯灌下. 一飯時稍醒, 乃道:'僧性慧旣拐我妻削髮爲僧, 又將我盖在鐘下."(「觀音菩薩托夢」, 『龍圖公案』)

17 "且說李氏生下一子ㅣ 年已十三歲오 名曰瑞麟이라 聰悟絶人ᄒᆞ야 古詩古文을 誦如冰匏ᄒᆞ고 性又勤孜ᄒᆞ야 (…중략…) 瑞麟이 聞訖에 心甚驚疑ᄒᆞ야 旣至福安寺ᄒᆞ야도 不敢問父母所在ᄒᆞ고 獨自往來搜探호ᄃᆡ 渺無蹤跡ᄒᆞ더니 (…중략…) 云云具告惡僧慧明의 奸巧不測事라 與矣父之煥의 出遊在外ᄒᆞ와 佯報矣父中風之症에 以致矣母上山之行이라 一雙雇夫ᄂᆞᆫ 何處粧來오며 百千奸計ᄅᆞᆯ 誰人이 知得가 一連兩日을 寂無回音이라 幸有矣父親朋이 來傳矣父之信息이되 某日에 發某地ᄒᆞ고 某日에 入山寺라 ᄒᆞᄋᆞᆸ기 去探方丈之左右ᄒᆞᆫ즉 不見音容蹤跡이라 經日連夜ᄅᆞᆯ 千思萬量호ᄃᆡ 矣身父母ᄂᆞᆫ 必未免慧明之毒手이오 滿寺僧徒ᄂᆞᆫ 可知其奸惡之同腸이라 萬重疑端이오 數行顚末이로소이다云云".(『神斷公案』(제2화), 『皇城新聞』, 1906.6.6)

방식으로 바뀐다. 또한 동네 어르신의 이미지인 장자長者 '김생金生' 한 분을 추가함으로써 조력자 역할을 한다.

『신단공안』 제3화 역시 신분상승의 양상을 보여주고 있는바 일반인이던 주인공의 신분이 사인士人으로 바뀌게 된다. 그리고 원작에서 주인공의 아내로 등장하는 '황혜낭'을 『신단공안』은 아내 '황 씨'와 딸 '혜낭' 두 사람으로 나눴는데 '혜낭'은 『심청전』에서 아버지를 위해 목숨을 내놓는 '심청'과 같은 인물로 아버지를 구하기 위해 자결한다. 또한 조력자로 매우 의리를 지키는 인물 '이삼랑李三郎'을 추가 등장시킴으로써 스토리를 자연스럽게 끌고 가는데 소송장도 그가 대신 작성해 주고 있다. 하지만 재미있는 점은 조력자를 매우 드물게 조력에 실패하는 인물로 그린 점인데 소설에서 '이삼랑'은 자신이 직접 '혜낭'을 죽이지는 않았지만 자신의 경솔한 행위 때문에 '혜낭'이 죽었다고 후회하다가 병에 걸려 죽는다.[18] 그밖에 『신단공안』은 원작에서 사건현장을 발견하는 인물인 첩을 제외함으로써 은연중에 일부일처一夫一妻로 만들었다. 그리고 소설에서 등장하는 판사는 청관의 이미지보다 탐관의 이미지가 더 부각되었다.

반면에 『삼언이박』을 번안한 『신단공안』 제5화에서 등장하는 인물은 모두 일반인이며, 송사 과정에서 바람난 어머니를 지키기 위하여 죽음도 불사하는 아들 '계동癸童'의 효를 강조하고 있다.

『황성신문』에 연재된 번안 작품에 비해 『대한일보』에 연재된 『용함옥』은 좀 더 복잡한 양상을 띠고 있다.

---

18 "李三郎이 聞了歎息道我雖不殺蕙娘이나 蕙娘이 由我而死ᄒᆞ니 殺此孝女ᄒᆞ고 何心圖生이리오 漸悔發病ᄒᆞ야 遂卒云이러라".(『神斷公案』(제3화), 『皇城新聞』, 1906.6.27)

〈도표 7〉 번안 작품 등장인물 비교

<table>
<tr><th></th><th></th><th>등장인물</th><th>나이</th><th>신분</th><th>변화 양상</th></tr>
<tr><td rowspan="15">警世通言
(卷24)</td><td rowspan="15">玉堂春落
難逢夫</td><td>王瓊</td><td></td><td>禮部尙書</td><td rowspan="34">① 간계를 내는 기생 추가함, 반면에 忠僕과 착한 婢女 추가함.
② 姦夫를 신분 낮춰 무당의 남편으로 만듦.
③ 信使 역할 상인 2명 추가함.
④ 의협남아 이미지 인물 한 분 추가함.
⑤ 貪官, 淸官 인물 제외함.
⑥ 주인공 공주와 혼인함, 부마로 신분 상승함.
⑦ 난데없는 남만평정 스토리 삽입에 따라 양 진영 장군 1명씩 추가함.</td></tr>
<tr><td>王景隆</td><td>17세</td><td>셋째 아들</td></tr>
<tr><td>王定</td><td>×</td><td>하인</td></tr>
<tr><td>玉堂春</td><td>×</td><td>기생</td></tr>
<tr><td>老鴇</td><td>×</td><td>포주</td></tr>
<tr><td>翠香/翠紅</td><td>×</td><td>婢女(하녀)</td></tr>
<tr><td>金哥</td><td>×</td><td>행상꾼</td></tr>
<tr><td>王銀匠</td><td>×</td><td>은장이</td></tr>
<tr><td>沈洪</td><td>×</td><td>馬販(말을 파는 장사꾼)</td></tr>
<tr><td>皮氏</td><td>三十餘歲</td><td>沈洪之妻</td></tr>
<tr><td>趙昂</td><td>×</td><td>監生
(國子監에 속하는 대학생)</td></tr>
<tr><td>王婆</td><td>×</td><td>媒婆</td></tr>
<tr><td>王知縣</td><td>×</td><td>貪官</td></tr>
<tr><td>劉志仁</td><td>×</td><td>刑房吏(淸官)</td></tr>
<tr><td>劉氏</td><td>×</td><td>王景隆正室</td></tr>
<tr><td rowspan="19">大韓日報</td><td rowspan="19">龍含玉
(30회)</td><td>王閣老</td><td>확인 불가</td><td>閣老
(명나라 때 재상을 이르는 말)</td></tr>
<tr><td>王龍</td><td>확인 불가</td><td>귀족자제</td></tr>
<tr><td>玉檀</td><td>14세</td><td>기생</td></tr>
<tr><td>老嫗</td><td>×</td><td>행상꾼</td></tr>
<tr><td>朝雲</td><td>×</td><td>기생(奸)</td></tr>
<tr><td>娼母</td><td>×</td><td>포주</td></tr>
<tr><td>老僕</td><td>×</td><td>忠僕</td></tr>
<tr><td>商販</td><td>×</td><td>고향사람</td></tr>
<tr><td>姓趙者</td><td>年已老</td><td>大賈(상인)</td></tr>
<tr><td>蘭英</td><td>×</td><td>婢女(忠)</td></tr>
<tr><td>浙江商人</td><td>×</td><td>信使 역할</td></tr>
<tr><td>舊妻</td><td>×</td><td>淫婦</td></tr>
<tr><td>巫夫</td><td>×</td><td>姦夫</td></tr>
<tr><td>黃俊猊</td><td>×</td><td>義俠男兒</td></tr>
<tr><td>吳白圭</td><td>×</td><td>本府刺史</td></tr>
<tr><td>驛使</td><td>×</td><td>奉命傳詔</td></tr>
<tr><td>花珍</td><td>×</td><td>兩淮摠督</td></tr>
<tr><td>木訥兒</td><td>×</td><td>蠻將</td></tr>
<tr><td>玉華公主</td><td>20세</td><td>正室</td></tr>
</table>

우선, 원작의 여성 주인공 '옥당춘玉堂春'은 기생 신분으로 남성 주인공과의 사랑을 통해 도어사都御史의 첩으로 신분 상승한다. 『용함옥』의 여성 주인공 '옥단玉壇' 역시 기생 신분이고 사랑을 통해 신분 상승을 이루게 되지만 고전소설에서는 불가능한 공주의 신분으로까지 상승한다.[19] 그럼에도 불구하고 남성 주인공의 정실正室이 되는 데는 실패하고 남성 주인공은 '옥화공주'를 정실로 맞이함으로써 부마가 된다.

둘째, 원작에서 등장하는 간부姦夫는 원래 감생監生이다. 감생은 국자감國子監에 속하는 대학생을 가리키는데 『용함옥』에서는 그 신분을 의도적으로 낮춰 무당의 남편으로 만들고 있다.

셋째, 신사信使 역할을 하는 상인 2명을 추가하였다.

넷째, '황준예黃俊猊'라는 인물 한 명을 추가하였는데 그는 정의를 구현하는 의협남아義俠男兒 이미지로 포주의 죄상을 고발하게 된다.

다섯째, 원작에서 사건을 맡아 처리한 탐관貪官과 청관淸官 두 인물을 제외하고 남성 주인공이 직접 사건을 해결하도록 설정하였다. 이는 청관 또는 탐관의 이미지를 부각하는 전통 공안소설과는 사뭇 다른 양상을 보여준다.

그밖에도 포주에게 간계를 제공하는 기생을 추가한 반면에 긍정적 인물로 충복忠僕과 착한 비녀婢女 한 명을 등장시키고 있다.

이상 중국 의화본소설 번안 작품의 등장인물 유형의 변화를 정리하면 다음과 같다.

19 "是日也皇帝乃命平南國夫人(앞서 옥단은 전공을 세워 평남국부인에 봉해짐)ᄒᆞ샤 特封玉英公主爲亞室ᄒᆞ라 ᄒᆞ시니 玉華ᄂᆞᆫ 愛玉英ᄒᆞ며 玉英은 且敬玉華ᄒᆞ야 和氣融洽ᄒᆞ야 一家生春이러라".(金華山人, 『龍含玉』(제28회), 『大韓日報』, 1906.3.31)

〈도표 8〉『신단공안』의 기타 작품 등장인물 유형

<table>
<tr><th></th><th></th><th>등장인물</th><th>나이</th><th>신분</th><th>양상</th></tr>
<tr><td rowspan="14">神斷公案
(제4화)</td><td rowspan="14">仁鴻變瑞鳳
浪士勝明官
(45회)</td><td>金仁鴻</td><td>×</td><td>浪士</td><td rowspan="14">① 주인공 건달 전형임.
② 부자, 의사, 중 등 다양한 인물유형 등장함. 우매한 인물로 설정됨.
③ 상인 대거 등장함. 심지어 농민마저 商民으로 묘사됨.
④ 淸官, 貪官 이미지에서 무능한 관리 이미지로 전락함.</td></tr>
<tr><td>陳氏</td><td>×</td><td>妻</td></tr>
<tr><td>姨母夫李三丈</td><td>×</td><td>富翁(赤手起家)</td></tr>
<tr><td>蘭姬</td><td>×</td><td>小婢(하녀)</td></tr>
<tr><td>李一郎</td><td>×</td><td>李三丈 아들</td></tr>
<tr><td>鄰友張聖玉</td><td>×</td><td>집 계약 증인</td></tr>
<tr><td>李君膺</td><td>×</td><td>醫師(자린고비의 小高飛라 불림)</td></tr>
<tr><td>海雲</td><td>×</td><td>富僧</td></tr>
<tr><td>小僧(金月姓)</td><td>×</td><td>愚僧</td></tr>
<tr><td>三個官差</td><td>×</td><td>與仁鴻密約者</td></tr>
<tr><td>鷄商</td><td>×</td><td>愚商</td></tr>
<tr><td>慶徵</td><td>×</td><td>平壤庶尹</td></tr>
<tr><td>趙平男</td><td>×</td><td>商民
(平壤東無懷村)</td></tr>
<tr><td>周文亨</td><td>×</td><td>商民 이웃</td></tr>
<tr><td rowspan="11">神斷公案
(제6화)</td><td rowspan="11">踐私約頑童逞凶
借神語明官捉奸
(20회)</td><td>孫同</td><td>×</td><td>饒戶</td><td rowspan="11">① 남녀 주인공을 잘 사는 집안의 아들과 가난한 집안의 딸로 설정함.
② 姦夫는 근본이 없는 나그네 이미지임.
③ 스파이형 인물 창조함.</td></tr>
<tr><td>健兒</td><td>年近二十</td><td>富家愛子</td></tr>
<tr><td>柳宜村</td><td>×</td><td>農民</td></tr>
<tr><td>翠姐</td><td>16세</td><td>淫婦</td></tr>
<tr><td>張大慶</td><td>×</td><td>總角(姦夫)</td></tr>
<tr><td>姨母石氏</td><td>×</td><td>과부</td></tr>
<tr><td>媒婆</td><td>×</td><td>媒婆</td></tr>
<tr><td>王三</td><td>×</td><td>이웃(鬪鷄)</td></tr>
<tr><td>崔鼎臣</td><td>×</td><td>興州郡守
(淸官)</td></tr>
<tr><td>行人</td><td>×</td><td>廉幹(청렴하고 일을 잘 처리하는 행인 고용해서 탐문조사)</td></tr>
</table>

		등장인물	나이	신분	양상
神斷公案 (제7화)	癡生員驅家葬龍宮 孽奴兒倚樓驚惡夢 (70회)	桂巷稗史氏	×	이야기 서술자부터 등장함.	① 70회 분량에 비해 등장인물이 상대적으로 적음. 편폭에 비해 등장인물이 적다는 것은 주인공과 등장인물의 갈등에 더욱 집중함을 의미함. ② 인물들 개성이 매우 살아 있음. ③ 주인공 신분 하인임. ④ 여러 가지 양반 유형 등장함. 오 진사―好德, 好財, 不好色. 재상―志高氣滿, 擧趾益高. 재상 둘째 아들―色中鬼. 宰相門下柳生―양반 신분의 수호자임. ⑤ 군수는 판관의 이미지보다 오 진사의 친척으로 등장함.
		吳永煥	×	士人(極癡愚)	
		魚福孫	二十歲― 三十多小	黠奴(약을 힐, 영리하다, 간교하다)	
		一枝紅	×	기생(女中狐媚錢中餓虎―기생 신분에 매우 충실함)	
		那客(姓名도 休提)	×	오 진사 친구, 기생집 자주 출입함.	
		一般擧子	×	오 진사와 같이 과거시험 보러 가는 同伴. 모두 우매함.	
		宰相	×	권력을 좌지우지하는 세력가(굳이 밝힐 필요 없이 독자들이 미루어 생각해보면 알 수 있다), 나르시시즘적 貪官임.	
		宰相門下柳生	×	오 진사 친구.	
		재상의 둘째 아들	×	色中鬼	
		友人	×	色中鬼 친구	
		蓮玉	16세	오 진사 딸	
		老夫人	×	오 진사 妻	
		今突/龍雲	×	하인	
		金正八	×	어복손 姑夫의 아들, 매우 우매함.	
		郡守	×	오 진사 近戚	

첫째, 제1장에서도 지적했다시피 1906년도 신문연재 한문체소설의 작가층과 독자층은 양반·유생이다. 따라서 그들이 비록 개화나 계몽의 의지를 갖고 있기는 하지만 여전히 신분에 대한 미련을 버리지 못하였는바, 소설의 주인공은 시대와 역행하여 신분이 상승되는 추세를 보여주고 있다. 『신단공안』 제2화의 주인공 '송지환'도 처음에는 육체적 노동의 공功을 주장하다가 곧바로 잘못을 뉘우치고 학업에 몰두하게 되는

이유도 바로 여기에 있다.[20]

둘째, 유교적 교화논리를 강조하기 위하여 등장인물을 효와 충을 대변하는 인물로 '전형화'시키고 있다. 『신단공안』 제2화의 '혜낭', 제3화의 '계동'이 이에 해당되며, 애인을 위해 정조를 지키는 『용함옥』의 여성 주인공 '옥단'은 근대판 춘향과도 비슷한 인물이다. 이외 추가인물 역시 주인에게 충성을 하거나 붕우朋友의 신의를 지키는 인물로 설정되고 있다.

이상의 작품들은 중국 의화본소설을 번안하였기 때문에 등장인물이 여러 면에서 제약을 받았다면, 기타 한문체소설의 등장인물은 근대와 매우 접근하고 있다. 우선 『신단공안』의 다른 작품의 등장인물을 살펴보기로 한다.

작가의 온전한 창작으로 추정되는 『신단공안』 제6화부터 살펴보기로 한다.

우선, 신분에 상관없이 남녀주인공을 매우 단순하게 잘 사는 집안의 아들과 가난한 집안의 딸로 설정하고 있다는 점에서 기존의 송사소설과 다르다. 따라서 금전 관계에서 출발한 두 사람의 결합은 자연스럽게 여성 주인공의 욕구불만으로 표출되며 소설은 여성 주인공 '취저翠姐'의 심적 변화를 세밀하게 묘사하고 있다. 여성 주인공 '취저'는 처음에 돈 많은 남편 '건아健兒'를 만나 갑자기 호사를 누리게 되자 애인에 대한 과

20 "如君者ᄂᆞᆫ 以耕種運輸로 以供他人的需用ᄒᆞ니 其功이 不過牛馬오 如妾者ᄂᆞᆫ 以紡績針縫으로 以資他人的溫暖ᄒᆞ니 其功이 不過皮毛어니와 居萬民之上ᄒᆞ야 施恩德於萬民ᄒᆞ고 除暴害於萬民를 如本道道伯者ᄂᆞᆫ 其功이 又何如오 君爲士族子弟ᄒᆞ야 苟有學問이면 致君澤民에 無所不可어ᄂᆞᆯ 今乃爲人奴使ᄒᆞ야 自誇牛馬的功勞ᄒᆞ니 豈不可惜이리오 宋郎이 乃低頭羞愧ᄒᆞ야 不敢出聲이어ᄂᆞᆯ".(『神斷公案』(제2화), 『皇城新聞』, 1906.5.26)

거의 약속을 저버리고 행복감에 빠져든다. 그러나 차차 시간이 흐름에 따라 금전에서 오는 만족감은 점점 사라지고 개떡糠餠을 먹더라도 옛 애인을 만날 수 있다면 소원이 없겠다고 하면서 결혼을 후회한다.[21]

다음, 기존의 공안소설에서는 사건을 해결하기 위하여 관리가 직접 사복 차림으로 탐문조사를 진행하거나 혹은 심복을 파견하지만, 『신단공안』 제6화에서는 군수가 눈치 빠른 행인을 한 명 고용하는데 그는 사건과 무관한 인물로 오늘의 스파이형 인물에 가깝다.

돌아와서 연구자의 주목을 가장 많이 받은 『신단공안』 제4화와 제7화를 살펴보기로 한다. 작가는 『신단공안』 제4화는 「김봉본전」을 개작했다고 밝히고 있다.[22] 앞선 세 편의 소설이 유교적 교화에 비중을 두었다면 제4화는 그것을 벗어나 좀 더 근대와 접근하고 있다. 전래되는 설화를 전傳양식에 맞춰 새롭게 창작했다는 점도 물론 흥미롭지만, 현실 비판의식을 갖고 있는 '김인홍金仁鴻'이라는 인물을 부각시킨 점이 더욱 주목된다.

소설에서 '김인홍'은 스스로 자신의 신분을 '낭사浪士'라고 규정짓고 있다. '낭사'라는 말은 일찍 유선시游仙詩 14수로 유명한 진晉나라 곽박郭璞(276~324)의 『객오客傲』[23]에서 등장하는바 세상을 등지고 호숫가에

---

21 "心內에 暗暗自語道這個健兒가 目子ᄂᆞᆫ 如何這般暴露며 鼻孔은 如何這般朝天(발죽)이며 兩臉은 如何這般晦氣(우중충)며 口也手也가 如何通通地這般可憎고 攬鏡自窺ᄒᆞ야도 我豈是這廝配匹이리오 可恨可恨이로다 這廝가 又如何夜間에 空醒了我的甘睡ᄒᆞ니 這個時辰엔 眞是打殺也不快로다ᄒᆞ고 獨自婚事를 懊悔ᄒᆞ더니".(『神斷公案』(제6화), 『皇城新聞』, 1906.9.26)

22 "桂巷稗史氏曰此ᄂᆞᆫ 金鳳本傳也라 文凡三十六回에 其奇事奇蹟은 多不勝枚라 因其中에 有斷獄一事ᄒᆞ야 删削太半ᄒᆞ고 遂攝入公案之第四回ᄒᆞ니 自與前後篇文勢로 有不相類者라 觀者ᄂᆞᆫ 詳之어다".(『神斷公案』(제4화), 『皇城新聞』, 1906.8.18)

23 "昆吾挺鋒, 驌驦軒髦, 杞梓竟敷, 蘭蕙爭翹, 嚶聲冠于伐木, 援類繁乎拔茅. 是以水無浪士, 岩無幽人, 刈蘭不暇, 爨桂不給, 安事錯薪乎!"(郭璞, 『客傲』)

은둔하여 사는 선비를 가리킨다. '은사隱士'라고도 불리는 이들은 학문과 재주는 뛰어나지만 흔히 속세에서는 그 뜻을 이루지 못하고 도피생활을 하기 십상이다. 하지만 이 또한 그들에게 초야에서 현실과 자신을 객관적으로 성찰할 수 있는 기회를 마련해 주기도 한다. 따라서 1906년도 신문연재 한문체소설이 '김인홍'을 화두로 다시 내세운 것은 현실에 대한 강렬한 불만이 앞섰을 것이다.

한편 소설에서 '김인홍'은 양반 가문 출신도 아니다. 조부는 농민이고 아버지는 상인이며 그는 일개 필부匹夫에 불과하다.[24] 소설에서 그에게 여러 차례 신분 상승의 기회가 주어지지만 그는 한사코 거부하고 있다.

> 金鳳이 答道仁鴻은 不願爲城主에 罪人이오 亦不願爲城主에 上客이라 但願天地中間에 自由自在ᄒᆞ노니다 庶尹이 道爾何骨硬如此오 旣爲人民ᄒᆞ야 安有不係不屬的人이리오 金鳳이 道古語에 云ᄒᆞ되 國君이 驕人이면 失其國ᄒᆞ고 丈夫ㅣ驕人이면 失其家ㅣ라ᄒᆞ나 至於仁鴻ᄒᆞ야ᄂᆞᆫ 便是東去西來的黑雲白鷺ㅣ라 不比城主에 係縶一官ᄒᆞ야 偃仰屈伸을 不得自意니이다
>
> —『神斷公案』(제4화), 『皇城新聞』, 1906.8.14

소설에서 간민난민奸民亂民을 징치懲治하려고 내려온 서윤庶尹 '김경징金慶徵'은 김인홍과의 대결에서 실패하자 그를 회유하려고 한다. 하지만 '김인홍'은 이를 거부하면서 구름이나 백로 같은 자유로운 삶이 자신이

24 "庶尹이 厲聲大喝道汝ᄂᆞᆫ 窮鄕匹夫라 蟹尾之文과 針孔之智로 居地ᄂᆞᆫ 是兩方遐方이오 家世ᄂᆞᆫ 是祖農父商이라 汝幺麽一個가 恃何權力ᄒᆞ고 如此自行自止에 毫無忌憚고 汝罪該死이니 汝知麽아".(『神斷公案』(제4화), 『皇城新聞』, 1906.8.11)

원하는 삶이라고 한다. 이러한 삶은 모든 규범에서 벗어난 삶이며, 중세적 신분제도와 봉건적 질서에 대한 저항을 의미하기도 한다. 따라서 '김인홍'이 신분 상승 기회를 거부하는 것은 신분 차별 자체를 거부하는 것이 되기도 한다. 이러한 중세적 신분제도의 모순은 『신단공안』 마지막 연재분인 제7화에 와서 더욱 치열해지는데 주인공 '어복손魚福孫'은 강한 속량의지를 드러내고 있는 하인의 신분이다. 한편 '어복손'의 주인인 '오영환吳永煥'은 봉건적 질서를 끝까지 수호하려는 인물로 매우 어리석게 설정되었다는 점에서 시대적 비극성을 지니고 있다.

> 這黠奴ᄂᆞᆫ 是甚麽姓名的人고 姓叫魚오 名喚福孫이라 那魚福孫이 生來纔二十歲에 天性이 已奸猾過人ᄒᆞ고 不肯齷齪自在ᄒᆞ야 每對同類ᄒᆞ면 恨歎不已ᄒᆞᄂᆞᆫ 聲이 但道我何人斯완ᄃᆡ 上不生於公卿富貴之門ᄒᆞ며 下不生於鄕班士族之家ᄒᆞ고 落地爲奴子ᄒᆞ얏스ᄃᆡ 此恨은 山高海深ᄒᆞ도다ᄒᆞ고 常對吳永煥ᄒᆞ야 伏地乞道上典主□□此身의 贖良ᄒᆞ시면 小人이 結草報恩ᄒᆞ리이다 吳永煥이 聽罷大怒ᄒᆞ야 縛到了魚福孫ᄒᆞ고 笞二十度를 重打(私家用刑이 可乎)ᄒᆞ니 福孫이 只得撫髀暗恨ᄒᆞ고 自此로 逢迎主人的意ᄒᆞ야 却得吳永煥의 這般寵任ᄒᆞ더라
>
> —『神斷公案』(제7화), 『皇城新聞』, 1906.10.10

소설에서 '어복손'은 20세에 이미 스스로 자신이 매우 불평등한 위치에 있다는 사실을 인식하고 노비로 태어난 것을 하늘에 사무치는 원한으로 간주하고 있다. 노비 신분에서 벗어나기 위해 주인에게 속량을 구걸해 보지만 오히려 곤장 20대를 맞게 된다. 그 후로 '어복손'은 앙심을 품고 주인을 골탕 먹이기 시작하는데 급기야 아가씨 '연옥蓮玉'을 겁탈

하고 주인 일가족을 살해하기에까지 이른다. 결국 신분제도로 인한 '어복손'의 원한은 살인으로 표출되는데 이는 신분제도의 모순이 현실적으로 매우 첨예화되었다는 사실을 말해주고 있다. 한편 작가는 소설의 시대적 배경을 철종哲宗조(1849~1863)로 설정하고 있다. 철종은 조선왕조 제25대 왕으로 1852년부터 친정을 시작했으나, 외척인 안동 김씨 일파의 전횡專橫으로 삼정三政의 문란이 극도에 달하여 극심한 민생고를 유발, 경상도 진주晉州, 함경도 함흥咸興, 전라도 전주全州 등지에서 대규모의 민란이 일어났다. 이 같은 사회정세에서 최제우崔濟愚(1824~1864)가 주창한 동학사상은 학정에 허덕이는 민중 속으로 놀라운 속도로 파급, 새로운 세력으로 확대되었으며, 만민평등을 주장하는 천주교의 사상도 일반 민중은 물론 실세失勢한 양반층에까지 침투되어 확고한 기반을 구축하기 시작하였다.[25] 이러한 시대적 배경을 감안할 때 '어복손'이라는 인물유형은 매우 전형성을 띠고 있으며, '어복손'의 자각적 인식은 근대적 개인의 탄생[26]이라는 점에서 문학사적 의미가 크다.

『황성신문』이 『신단공안』을 통해 유교적 교화를 강조하면서 강한 현실비판의식을 드러내고 있다면 『대한일보』는 3편의 연재소설을 통해 여성 계몽을 근대적 과제로 내세우고 있는바 여성을 정면에 내세워 적극적인 개화와 계몽의 논리를 펼치고 있다. 기인기사奇人奇事[27]로 시작

25 두산백과사전 참고.

26 김찬기, 「근대 계몽기 전 양식의 근대적 성격-『신단공안』의 제4화와 제7화를 중심으로」, 『한국근대문학 양식의 형성과 전개』, 깊은샘, 2003.

27 "天之生一奇人一尤物이 未嘗不有所自來라 故로 來有所自而爲奇人爲尤物則中散爲萬事者ㅣ必有爲奇爲尤之別種特色ᄒᆞ야 令一世之耳目으로 有可嘆而可驚者라 旣非偶然而來則豈偶然而去哉오 近有一種奇人奇事ㅣ라 故로 玆述顚末而爲好事者傳之ᄒᆞ며 且爲愛讀家一粲ᄒᆞ노라".(一鶴散人, 『一捻紅』(緖言), 『大韓日報』, 1906.1.23)

한 『일념홍』의 '일념홍一捻紅'에서 천하天下의 명절名節[28]을 이룬 『용함옥』의 '옥단'을 거쳐 『여영웅』에 이르러서는 마침내 '이형경李炯卿'이라는 막강의 여성영웅을 탄생시킨다. 결국 작가의 궁극적인 목표는 '이형경'이라는 고전과 근대를 아우르는 여성영웅을 만들기 위한 것이며, 앞선 연재는 이를 위한 준비 단계로도 볼 수 있다.

> 盖人之稟大無男女之別而奚□獨有英雄之人於男子而無於□女子也女之稟氣尤有勝於男□子則必有英雄之人於女子焉□見此李炯卿一事可以知女中□之有英雄支那風俗唯以男子□爲活動物而以女子爲幽閉物□抛却天生之無限英雄人可勝□嘆恨腐俗流於韓國以女子爲□社會上一棄物國之不能進文□□明亦可嘆也於是一穗春燈揭□李炯卿故事一通表彰女中之□有英雄也
>
> — 白雲山人, 『女英雄』(緖言), 『大韓日報』, 1906.4.5

『여영웅』은 제1회를 연재하기에 앞서 서언에서 위와 같이 직설적으로 작가의 주장을 드러내고 있는데 꼼꼼히 살펴보면 다음과 같은 몇 가지 사실을 어렵지 않게 확인할 수 있다.

첫째, 인간의 타고난 성품에 있어서 남녀 차별이 없다. 다시 말하면 남녀는 평등하다.

둘째, 남성영웅만 있었고 여성영웅은 존재하지 않았다.

셋째, 타고난 성품과 기질이 남성보다 우월하면 여성영웅도 존재하

---

28 "玉娘은 誤落青樓ᄒᆞ야 一心秉節ᄒᆞ고 誓死不違ᄒᆞ야 竟成天下之名節ᄒᆞ니 足使今世丈夫之軟腸과 爲妾婦者之薄行者로 一見此龍含玉一通則足可以愧死矣라".(金華山人, 『龍含玉』(제30회), 『大韓日報』, 1906.4.3)

기 마련이다.

넷째, 중국 대신 지나支那라는 용어를 사용하였는데, 이는 청일전쟁淸日戰爭(1894.7~1895.4)에서 승리한 일본이 중국을 얕잡아 부르기 시작한 말이다. 이런 의미에서 볼 때 『여영웅』의 작가(혹은 편집자)는 친일파의 역사인식을 대변할 가능성이 높다.

다섯째, 여성을 유폐물幽閉物로 간주하는 중국의 더러운 풍속이 한국에 전해온 것을 한스럽게 생각하고 있는바, 이는 중국문화에 대한 거부 내지는 비판으로도 볼 수 있다.

여섯째, 한국도 여성을 사회적 기물棄物로 간주하기 때문에 근대 문명을 추진할 수 없다고 생각하고 있다.

일곱째, '이형경'의 이야기를 게재함으로써 여성영웅의 존재를 증명하고자 한다.

이렇게 볼 때 작가(혹은 편집자)의 창작 의도는 매우 분명해진다.

아래 『일념홍』과 『여영웅』의 등장인물을 도표로 정리해 본다.

〈도표 7〉과 〈도표 9〉를 참고로 3편의 연재소설에서 등장하는 여성 주인공을 검토해 보기로 한다.

『대한일보』에 가장 먼저 연재된 『일념홍』의 여성 주인공 '일념홍'의 출신을 볼 때 60여 세 과부 '노온老媼'이 모란꽃 요정의 태몽을 꾸고 낳은 딸이다. 2살 때 노온이 죽자 주인공은 사창가에 팔려가서 기생 신분에 맞는 여러가지 재주를 배운 후 재주만 파는 기생이 되며, '이정李廷'이라는 낙양 부잣집 자제를 만나 사랑을 나눈다. 두 사람의 사랑은 '일념홍'에게 눈독을 들인 '대관大官'이 나타나면서 좌절을 겪게 되는데 여기까지 전형적인 고전소설의 스토리를 차용하고 있다. 고전소설에서 주

〈도표 9〉『일념홍』과 『여영웅』의 등장인물 유형

『一捻紅』(16회), 『大韓日報』
① 여성이 주인공이고 이름을 稱號로 대신함. ② 가난한 집안 출신이었다가 나중에 사창가로 팔려감. ③ 고전소설에서 주인공에 도움을 주는 인물은 흔히 신선 같은 신비한 능력을 갖춘 사람이지만 일념홍에서는 점쟁이 사기꾼임. ④ 부차적 등장인물 근대적 신분과 현실성 갖춤. ⑤ 惡僧 같은 고전소설 속 인물과 公使 같은 근대적 인물 같이 등장함. ⑥ 남녀 주인공 신분 유학생이고 교육가, 실업가, 계몽자 등으로 비약함. ⑦ 남녀 주인공을 모두 神化함.

등장인물	나이	신분
老媪(楊媪)	六十餘歲	과부(賣菜爲生)
一捻紅	16세	가난한 집 딸.(牡丹花妖)
尼姑	×	一捻紅 앞날을 점치고 감.
韓媪	×	착한 이웃임.
頑雲	×	惡僧
雲虛	白髮老人	琴師
雄夫	×	關東匪蔣
李廷	二十五歲	富豪家子弟
大官	×	貪官(日俄戰爭, 친러파)
豪奴	×	大官心腹
黃鱗鐘	×	狎客(간계를 내는 인물)
相術者	×	주인공에게 도움을 주는 인물임.
警務廳摠巡	×	경찰국장
駐韓日公使	×	외교관
日本巡察數三人	×	巡察
皇上陛下	×	일본공사 말을 듣는 존재임.
道僧圓月	×	李廷의 전신임.

『女英雄』(116회), 『大韓日報』
① 초반부에 주인공의 귀족출신과 귀족자제와의 교유 밝힘.
② 다양한 직업의 여성인물 등장시키고 영웅으로 만듦. 도인, 기생, 공주, 장군, 용왕의 딸 등.
③ 여러 인물을 모두 神化함. 남성 주인공도 神化함.
④ 첫 번째 여영웅으로 등장하는 胡妃, 두 번째 여영웅 石虎子 모두 전쟁터에서 사망. 胡妃는 石虎子와 대결에서 창이 부러져 죽고, 石虎子는 不忠, 不義, 不信 때문에 스스로 자결함. 따라서 千古英雄이라 평가함.
⑤ 하늘의 玉皇, 땅의 皇帝, 용궁의 龍王, 독립국의 국왕 등 시공간을 초월하여 모두 등장함.
⑥ 자객도 여성임.
⑦ 필요에 따라 부차적 인물 자유롭게 생성하고 삽입함.
⑧ 여성 주인공 신분 최초로 황제와 대등한 근대 독립국가의 국왕으로 상승시킴. 신분상승의 끝을 보여줌.

등장인물	나이	신분
侍郞夫妻	×	吏部侍郞
李炯卿(号春三)		딸/천상계 白玉京修文學士/太乙星/여영웅
李延卿		아들
張琥	×	禮部侍郞
張浹	×	長子
張汎	×	次子
張沼(号碧蕉)		三子/天乙星
鄭公	×	處士
鄭安	×	아들
朴관	×	太卿
朴弘	×	次子
魏止瑾	×	修撰
魏紋	×	아들
皇帝	×	皇帝(명나라)
王世忠	×	國舅
王貴人	×	황제첩
劉晏	×	士人
耿氏	×	劉晏妻
鄭詹事(号林亭)	×	친구

『女英雄』(116회), 『大韓日報』		
魏舍人(号玉山)	×	친구
李侍郎(号春園)	×	친구
尹員外(号蘭山)	×	친구
余侍講(号五峯)	×	친구
袁待制(号秋潭)	×	친구
于英	×	妓女
南京周王	×	皇帝叔父(역모)
景泰	×	丞相(周王 첩자)
刺客2명	×	刺客
湯如虁	×	元老大臣
王廷韶	×	參知政事
徐雲	×	征南大都督(魏國公徐達曾孫)
胡唯虎	×	先鋒
胡妃(胡鐵玉)	×	周王之妃(前人將軍胡惟德之女)/여영웅
楚如虎		敵將
王萬歲		先鋒票騎將軍
唐延明/晁盖之/黃廷樞/陳尙志/堯萬年/ 王文忠/胡安弟/張駱之	×	將軍 (八隊人馬로 유인계 펼침)
達達哥	×	蠻將
董岳	×	票騎將軍
董崇	×	董岳之弟
蠻王	×	南蠻王
左酋長	×	蠻王臣下
貔王	×	九貔國國王
石虎子	×	達達哥之妻/여영웅/太乙星
韋太娘	×	女冠道人/천상계 黃金樓太史/天乙星/여영웅
史太歲/甘肅龍/胡廷安	×	將軍
玉皇	×	하늘의 皇帝

『女英雄』(116회), 『大韓日報』		
洞庭月	×	名妓/여영웅
陳廷芳	×	太史
巫山雲	×	洞庭月여동생/여영웅
一枝紅	×	女刺客
范齊賢	×	元老吳國公
少微星君	×	仙人
柳大齡	×	李炯卿姨兄
救苦星	×	道人
天上仙官	×	天上仙官
徐階	×	龍圖學士
胡維中	×	太學士
趙岳	×	左閣老
王廷龍	×	太學士
徐廷芳	×	票騎將軍
趙之春	×	右司馬
可達剌	×	西蕃大都督
胡吶兒	×	先鋒
哈哈赤	×	將軍
馬沼	×	西涼總督
馬綽(号武陵春)	×	票騎將軍(馬沼동생)/여영웅
楊萬	×	左將軍
司馬傑	×	三秦總督
史廷芳	×	將軍
胡唯春	×	將軍
胡元春	×	亞將
玉英(朱淑娘)	18세	春溫公主
李九成	×	吏部尙書
元邦民	×	禮部侍郎

『女英雄』(116회), 『大韓日報』		
范雲	×	元老大臣
龍雲和尙	×	和尙
王之龍	×	文淵閣翰林編修
元素道人	×	道人
月華子	×	宮娥
春淳公主(朱愛娘)	16세	公主
百鏡道人(玉鳳凰)	×	少微星君/여영웅
萬里雁	×	宮娥
閩王	×	閩王
倪無忌	×	閩將
胡惟鬼	×	參謀軍師
周乙那	×	文學博士
惠光珠	26세	東海龍王 딸
壽光珠	×	惠光珠 동생
天狼(娘)星	17세	天狼星/여영웅
燃燈道人	×	百鏡道人 스승
張大師	×	天狼星 스승

인공이 수난을 겪을 때 흔히 조력자가 등장하는데 『일념홍』에서는 그 위치에 주한일본공사를 배치하였다. 소설이 친일적 성격을 드러내는 부분이기도 하지만 '일념홍'과 '이정'의 신분은 주한일본공사가 등장하면서 대반전을 보여주고 있다. 일본공사의 도움으로 두 사람은 일본 유학을 가게 되며, 귀국한 후 '일념홍'은 남편이 벼슬에 뜻이 없자 남편과 함께 사립은행, 학교 등을 설립하고 여성교육과 계몽에 적극적으로 앞장서는 교육 및 실업가[29]로 화려한 변신을 한다. 다시 말하면 '일념홍'은

29 "紅娘이 笑謂李郎曰男女가 旣有同等之權利ᄒᆞ니 豈可無同等之事業이리오ᄒᆞ고 乃大設婦人

최초로 사랑과 일본 유학을 통해 피지배층과 지배층의 중세적 신분을 모두 극복한 인물이 되는 셈이다.

『용함옥』의 여성 주인공 '옥단'을 살펴보면 역시 기생 신분에서 애인 '왕룡'을 만나게 되며, 중간에 죽을 고비를 겪기도 하지만 애인이 장원 급제하면서 전화위복轉禍爲福하게 되는 스토리는 고전소설과 별반 차이가 없다. 또한 애인을 위해 수단과 방법을 가리지 않고 정조를 지키는 것도 고전소설과 큰 차이는 없다. 그러나 제23회에 이르러 어명을 받고 남만南蠻정벌에 나선 애인을 따라 출정하면서 비범한 능력을 갖춘 여장군의 모습을 드러내게 된다. '왕룡'이 전쟁에서 여러 차례 패하고 적을 물리칠 계책이 없자 '옥단'은 홀몸단신으로 적 진영에 들어가 남만왕을 굴복[30]시킨다. 이로써 고전소설에서 항상 수동적인 위치에 있던 여성 주인공이 남성 주인공보다 월등한 위치에 놓이게 된다. 공을 세운 '옥단'은 황제로부터 평남국부인平南國夫人에 책봉되며, 급기야 '옥영공주'라는 칭호까지 하사下賜받고 '왕룡'의 아실亞室에 봉해진다. 비록 기생의 신분에서 공주의 신분으로까지 비약을 했지만 정실이 되는 데는 실패하

會ᄒᆞ야 募集內外國高等學校的婦人數百員ᄒᆞ니 衆婦人이 推紅娘爲會長이어ᄂᆞᆯ 又設女學校ᄒᆞ고 募集靑年婦人千餘人ᄒᆞ야 熱心敎育ᄒᆞ며 設蚕業會社ᄒᆞ며 設紡績所ᄒᆞ야 種桑養蚕ᄒᆞ며 植棉紡絲ᄒᆞ야 歲收十萬元利益金ᄒᆞ야 以備女學校之經費ᄒᆞ니 不出數年之間에 女子學問이 冠于東洋이라".(一鶴散人, 『一捻紅』(제14회), 『大韓日報』, 1906.2.16)

30 "□□北樓時에 逢公孫女冠ᄒᆞ야 學□□術ᄒᆞ니 可化白猿이오 可作蒼□□라 願相公은 勿慮ᄒᆞ소셔 御史ㅣ □喜許之ᄒᆞ니 玉娘이 以匹帛으로 □身ᄒᆞ야 深藏詔書ᄒᆞ고 雙手에 □□交劍하고 起舞數回에 忽作一道□虹ᄒᆞ야 寒光이 漫漫ᄒᆞ야 凜乎不□犯이라 玉娘이 直入蠻王宮ᄒᆞ니 □王禿鹿兒ㅣ 與群酋로 相議策□□計러니 忽見一道金光이 從白虹□□閃閃而來ᄒᆞ야 壓□蠻王肢體□□ᄒᆞ야 目瞠心慌이라. (…중략…) 我奉指揮都□□命ᄒᆞ고 欽奉聖詔ᄒᆞ야 帶至于□□니 蠻王은 欽受詔命ᄒᆞ야 收兵□□이면 天子ㅣ 當封汝南服ᄒᆞ야 □□福祿이어니와 不然이면 五步□□에 取汝首領ᄒᆞ야 懸于北闕下□□니 汝擇自從ᄒᆞ라 蠻王이 聽言□□에 乃命近侍ᄒᆞ야 設香卓于大□□ᄒᆞ고 北向跪而受詔ᄒᆞ니".(金華山人, 『龍含玉』(제25회), 『大韓日報』, 1906.3.27)

고 마는 모순을 떠안고 있다.

이상 『일념홍』은 여성과 남성의 동등한 권리, 사회적인 역할과 지위에 관한 문제의식을 드러내고 있다면 『용함옥』은 남성 못지않은 여성의 비범한 능력을 강조하는 데 있다고 볼 수 있는데, 『여영웅』은 두 인물을 합쳐 '이형경'이라는 매우 개성 있는 여성 주인공을 만들어내고 있다.

우선, 『여영웅』의 여성 주인공 '이형경'은 이부시랑吏部侍郎의 딸로 출신이 고귀하다. 또 '이형경'을 천상계 태을성太乙星의 전생轉生이라 밝힘으로써 비범한 능력까지 부여한다. 하지만 소설은 '이형경'을 여성 신분을 극복하려는 자의식이 매우 강한 인물로 설정하였다. 전통적인 여성영웅소설에서 주인공이 남장을 하는 경우는 무남독녀나 장녀로서 보호자 부재의 상황에서 스스로를 보호하거나 부모의 원한을 갚고 가문의 위기를 극복하기 위해서이다. 하지만 '이형경'은 외압 때문이 아니라 어렸을 때부터 여성 신분을 극복하려는 의지가 매우 강해 8살에 스스로 남장을 하며 그로 인해 부모와 갈등을 겪기도 한다.[31] 한편 여성으로 태어난 것을 매우 회의적으로 생각하고 있으며 자신의 정체를 끝까지 숨기려고 하는데 이는 역설적으로 '이형경'이 여성의 사회적 지위와 할 수 있는 역할에 대해 너무나도 잘 인식하고 있다는 증거이다.

다음, 소설은 '이형경'을 자유의지가 매우 강한 인물로 설정하였는데 주로 주인공의 혼인 거부에서 나타난다. 소설에서 '이형경'은 천상계 태

---

31 "父母ㅣ 雖愛其才나 每見其豁達俊邁가 太過於人ᄒᆞ고 還有不懌之色ᄒᆞ야 常戒之曰汝身爲女子ᄒᆞ야 無一留意於女職ᄒᆞ고 專務男子之事業者ᄂᆞᆫ 何意也오 炯卿이 對曰人生世間ᄒᆞ야 心受先聖之遺訓ᄒᆞ며 口吐泣鬼之文章ᄒᆞ고 內修立身之行義ᄒᆞ며 外建事君之名節이 足矣라 焉能効世俗兒女子ᄒᆞ야 從事針線之任而已哉잇가 小女ㅣ 雖未免女子나 世上碌碌之庸材를 心窃笑之ᄒᆞ노니 脫女裳衣男服ᄒᆞ야 得伸爲子之道於父母之前이 唯心所願□로소이다(…중략…) 自八歲로 改着男裝ᄒᆞ고".(白雲山人, 『女英雄』(제1회), 『大韓日報』, 1906.4.6)

을성, '장소張沼'는 '천을성天乙星'으로 두 사람의 인연은 하늘이 정해준 것이다. '장소'는 『구운몽』의 '양소유' 같은 인물로 '이형경'을 비롯한 다른 여성 영웅들을 차례로 만나 결혼하는 것이 주어진 운명이다. 하지만 '이형경'은 하늘이 정해준 인연을 한사코 거부하면서 '장소'를 원수[32]로 간주하는가 하면 자신을 설득하러 온 '춘온春溫공주'를 설득해 '장소'와 혼인하게 한다. 또한 자신에게 혼인을 강요하는 주변의 모든 대상과 싸우는데 지상의 황제는 물론 천상의 상제도 포함[33]된다. '이형경'은 심지어 자신의 뜻을 굽히려는 자들을 귀신의 무리[34]로 간주하기도 한다. 결국 '이형경'은 기존의 질서에서 벗어나기 위해 모든 벼슬을 내려놓고 탈출을 감행한다. 이를 통해 '이형경'은 새로운 신분을 획득할 가능성을 열게 되는데 '살마이도'에서 근대 독립 국가를 세움으로써 황제와 대등한 신분인 국왕으로 상승한다. 한편 '이형경'은 공을 이룬 후에도 자신의 신분에 연연하지 않고 그 질서에서 벗어나려고 하는바 삶에 대한 자유의지는 매우 놀랍다.

박혜숙은 조선 후기 여성영웅소설이 지닌 한계를 양성 평등에 있어서 지배계급 남성에 대한 모방으로 흐르는 경향이 있다고 하면서 이는

---

32 "李尙書ㅣ 怒氣未解曰我是女子로 欺着一世가 已至十餘年이라 今雖露出本色이나 我ㅣ 誓不行女子之事ᄂᆞᆫ 吾所盟天誓神이어ᄂᆞᆯ 何處에 豈無女子리오 張也ㅣ 欺欲侮慢ᄒᆞ니 此非我仇敵而何也오 我誓不與此業畜으로 共生이로다".(白雲山人, 『女英雄』(제6회 續14), 『大韓日報』, 1906.6.27)

33 "炯卿이 畧解古書ᄒᆞ야 非不知人倫之重과 聖訓之至也로ᄃᆡ 炯卿의 先父在時에 特受其訓ᄒᆞ야 化男爲女ᄒᆞ야 出仕聖朝ᄒᆞ야 欺天欺人에 罪莫大矣로ᄃᆡ 一身之微를 已許於國家ᄒᆞ고 已從而許於人이면 是ᄂᆞᆫ 一身而二身也오 自幼至壯에 決心不變ᄒᆞ야 誓死竟守故로 天子勅諭而不奉旨ᄒᆞ며 上帝ㅣ 夢諭而不奉命ᄒᆞ며 神人이 威力而不從言ᄒᆞ야 至于解印綬而逍遙倘佯於山川林壑之間ᄒᆞ야 欲將終身矣라".(白雲山人, 『女英雄』(제7회, 續8), 『大韓日報』, 1906.7.15)

34 "李尙書ㅣ 如醉方醒ᄒᆞ며 如夢方覺ᄒᆞ야 政在迷離間이러니 低聲一嘆曰使一人之志로 不得立者ᄂᆞᆫ 天耶아 鬼耶아".(白雲山人, 『女英雄』(제7회, 續6), 『大韓日報』, 1906.7.13)

주체적 · 비판적 성찰이 결여된 맹목적 평등의 추구에서 기인한다고 하였다.[35] 이런 의미에서 볼 때, 『여영웅』의 여성 주인공 '이형경'은 최초로 온전한 개인의식으로 영웅에 등극한 인물로 볼 수 있다.

3. 플롯의 변화 양상

1906년도 신문연재 한문체소설의 전통성과 창조성을 밝히기 위해서는 또 플롯의 변화 양상을 면밀히 고찰해 보아야 한다. 이 장에서는 플롯을 구성하는 최소 단위를 화소話素로 보고 우선 원작과 번안 작품의 화소를 〈도표 10〉과 같이 비교 구성해 본다. 『신단공안』 제1화는 사건 발생 부분부터 화소를 추가한 사실이 확인된다. 남성 주인공 '허헌許憲'은 풍채가 빼어나고 시문에 뛰어나 매파가 줄을 잇고 있다. 하지만 '허헌'의 부모는 아들이 18세가 되었음에도 불구하고 혼사를 모두 거절하는데 조혼이 불리[36]하다고 인식하고 있기 때문이다. 조혼 풍습을 비판하는 시대적 분위기에 맞춰 의도적으로 설정한 대목이다. 하지만 부모의 행위는 사춘기에 있는 아들의 욕구를 억누름으로써 이웃집 딸과 정

---

35 박혜숙, 「여성영웅소설과 평등 · 차이 · 정체성의 문제」, 『민족문학사연구』 31, 민족문학사학회, 2006, 189~190쪽.

36 "却說 肅宗大王卽位十六年에 慶尙道晉州府城內에 一個士族이 有ᄒᆞ니 姓은 許오 名은 憲이니 年方十八에 眉目이 淸秀ᄒᆞ고 丰神이 俊雅ᄒᆞ야 軒昂風采를 人皆艶賞ᄒᆞ고 兼且藝夙成ᄒᆞ야 文詞大噪라 以故로 城內城外에 養成閨秀底人은 紛紛遣媒通婚이로ᄃᆡ 許生의 父母ᄂᆞᆫ 恒嫌早婚不利ᄒᆞ야 倂皆辭拒了 ᄒᆞ더라".(『神斷公案』(제1화), 『皇城新聞』, 1906.5.19)

〈표 10〉『용도공안』의 번안 작품 플롯 양상

	「觀音菩薩托夢」, 『龍圖公案』	「美人竟拚一命 貞男誓不再娶」(6회로 개작), 『神斷公案』(제1화)
사건 발생	① 秀才 許獻忠 맞은 편 집에 屠戶의 딸 淑玉 살고 있음. ② 둘은 오다가다 눈이 맞음. ③ 매일 밤 獻忠은 白布를 타고 올라가 淑玉과 정을 나누며, 반년 동안 진행됨. ④ 하루 저녁 和尙 明修가 우연하게 白布를 발견하고 훔치려 함. ⑤ 淑玉 애인으로 착각하고 和尙을 끌어올림. ⑥ 樓에 오른 明修 淑玉 겁탈하려다 실패하자 죽이고 簪, 珥, 戒를 갖고 도망침.	① 士族 許憲 풍채가 빼어나 媒婆가 줄을 잇고 있었지만 그 부모는 항상 早婚이 불리하다고 꺼려 모두 거절함. ② 이웃집 富戶 河景漢한테 미모가 뛰어난 딸 淑玉 있음. ③ 淑娘이 거처하고 있는 樓를 許生이 매번 지나가면서 둘은 눈이 맞게 됨. ④ 매일 밤 許生은 白布를 타고 올라가 淑娘과 정을 나누며, 반년 동안 진행됨. ⑤ 하루 저녁 도시와 가까운 山寺에 있는 중 悟性이 지나가다 白布를 발견하고 훔치려 함. ⑥ 淑娘은 애인으로 착각하고 중을 끌어올림. ⑦ 樓에 오른 悟性 淑娘 겁탈하려다 실패하자 죽이고 簪珥一件, 指環一雙, 白布를 갖고 도망침.
소송	① 이튿날 淑玉 어머니 딸을 깨우려다 시체 발견함. ② 이웃들 간통 사실 淑玉 아버지 蕭輔漢에게 알림. ③ 蕭輔漢 包公에게 송사를 냄.	① 이튿날 淑娘 어머니 딸을 깨우려다 사건현장 발견함. ② 이웃들 간통 사실 淑娘 아버지 河景漢에게 알림. ③ 河景漢 許生을 용의자로 晉州牧使李公琯에게 소송을 냄.
사건 심리	① 包公 이웃들을 상대로 조사를 벌임. ② 包公 許生과 蕭輔漢 대질심문 함. ③ 包公 許生이 용모가 아름답고 성격이 온화한 것(貌美性和)을 보고 죄인이 아니라고 판단함. ④ 許生은 包公에게 평소 淑玉과 밀회 중에 樓下를 지나다니는 사람은 결코 없었지만 이번 달 어떤 중이 목탁을 두드리며 한번 지나간 적이 있다고 함. ⑤ 包公 許生을 감옥에 가두고 公差 둘을 불러 밀계를 줌. ⑥ 公差 둘은 기생 한 명 고용해서 중이 지나다니는 다리 밑에서 죽은 淑玉 冤魂 흉내를 냄. ⑦ 和尙 明修 겁먹고 죄를 자백함. ⑧ 公差 원래 모습 드러내고 중을 체포하자 부처님을 봐서 용서해달라고 빎.	① 李公琯 이웃들을 상대로 조사를 벌임. ② 李公琯 許生과 河景漢 대질심문 함. ③ 李公琯 許生이 용모가 端雅하고 性情이 安詳한 것을 보고 죄인이 아니라고 판단함. ④ 許生은 李公琯에게 평소 淑娘과 한 밤중에 밀회하기 때문에 樓下를 지나다니는 행인이 별로 없었지만 근처 사찰에 있는 중이 쌀을 구걸하러 왔다가 저녁 늦게 돌아가기 때문에 자주 목탁소리를 들었다고 함. ⑤ 李公琯 許生을 감옥에 가두고 差使 둘을 불러 밀계를 줌. ⑥ 差使 둘은 중이 지나다니는 숲속에서 죽은 淑娘 冤魂 흉내를 냄. ⑦ 중 悟性이 겁먹고 죄를 자백함. ⑧ 差使 원래 모습 드러내고 중을 체포하자 중은 도망치게 하면 銀子 열 냥을 받치겠다고 함.
판결	① 이튿날 簪, 珥, 戒 등 물증 확보하고 중을 사형에 처함. ② 包公 許生더러 죽은 淑玉을 정실로 맞이하라 권함. ③ 包公 판결문을 작성해서 상급자인 學道에게 제출하고 學道 판결문을 인가함. ④ 許生 나중에 鄕試에 급제하고 包公에게 인사드리러 옴. ⑤ 包公 후사가 없는 것이 가장 불효하다는 핑계로 許生에게 강제로 側室을 맞이하게 함.	① 李公琯 물증 확보하고 중을 사형에 처함. ② 李公琯 許生을 석방하고 죽은 淑娘을 어떻게 할지에 대해 묻자 許生은 淑娘을 정실로 맞이하고 재혼하지 않겠다고 함. ③ 李公琯 판결문을 작성해서 상급자인 道伯에게 제출하고 道伯은 판결문을 인가함. ④ 2년 후 許生은 鄕試에 급제하고 李公琯에게 인사드리러 옴. ⑤ 李公琯 후사가 없는 것이 가장 불효하다는 핑계로 許生에게 강제로 側室을 맞이하게 함.

을 통하는 계기가 된다는 점을 감안해야 한다. 사건 심리 부분을 볼 때 원작에서 '허생'은 애인과 밀회 중에 우연하게 중이 목탁을 두드리며 지나가는 소리를 한번 들었다고 진술하지만 『신단공안』은 근처 사찰에 있는 중이 쌀을 구걸하러 왔다가 저녁 늦게 돌아가기 때문에 자주 목탁소리를 들었다고 진술한다. 즉 원작은 '포공'이 목탁소리 한번 들은 것으로 용의자를 지목하고 사건을 해결하지만 『신단공안』은 여러 번으로 설정함으로써 살인 사건 발생의 개연성을 높여주고 용의자 지목에 일정한 객관성을 부여한다. 그밖에 중이 뇌물로 구체적으로 은자 열 냥을 제시한 것도 부처님의 얼굴을 봐서 용서해달라는 원작보다 한층 현실성을 갖추고 있다.

『신단공안』 제2화는 플롯 추가와 구성에서 더 큰 변화를 보여주면서 연재횟수를 두 배로 늘리고 있다.

〈도표 11〉에서 확인할 수 있다시피 작가는 사건 발생 부분에 ①~⑧의 화소를 새롭게 구성해서 추가하였다. 12회 연재분의 1, 2회를 차지하는데 남성 주인공 '송지환'과 여성 주인공 '이 씨'가 혼인하게 된 경위와 두 사람 사이에 사랑의 결실로 총명한 아들 '서린'이 있음을 밝히고 있다. 작가는 '송지환'은 배우지 못한 사람, '이 씨'는 배운 사람으로 설정해서 지혜로운 아내가 건달 같은 남편을 타일러 학문을 닦게 하는 스토리로 전개하고 있다. 남편은 10년 동안 학문에 매진해 공명을 이루며 그 후부터 조용한 사찰을 찾아 독서를 하는 게 취미가 되었다. 그러면 이 부분이 플롯 구성에서 어떤 역할을 담당하는지 검토해 볼 필요가 있다. 우선 원작은 주인공 '정일중丁日中'이 자주 '안복사安福寺'를 찾아 글을 읽으면서 중 '성혜性慧'와 친해지고 '성혜'가 '정일중'의 아내를 보고

표 11〉『용도공안』의 번안 작품 플롯 양상

	「觀音菩薩托夢」, 『龍圖公案』	「老大郎君遊學慈悲觀音托夢」(12회로 개작), 『龍圖公案』(제2화)
건 발생	① 秀才 丁日中이 자주 安福寺에서 글을 읽으며 중 性慧와 아침저녁으로 친하게 지냄. ② 性慧 하루는 丁日中 집 방문하고 妻 鄧氏는 고마움에 식사 한 끼 대접함. ③ 性慧 鄧氏 미모에 반함. ④ 性慧 道士 2명을 轎夫로 분장시키고 남편이 갑자기 쓰러졌다는 것을 빌미로 鄧氏를 유인하게 함. ⑤ 鄧氏 性慧의 간계에 넘어가 절에서 하룻밤 묵게 됨. ⑥ 한밤중에 鄧氏 능욕 당함. ⑦ 鄧氏 죽으려다 원한 풀기 위해 性慧의 말에 따라 머리를 깎고 중으로 변장해서 性慧의 노리개가 됨. ⑧ 달포가 지나서 丁日中 性慧 방문하러 왔다가 鄧氏 발견하고 性慧와 싸움이 붙음. ⑨ 性慧 丁日中을 죽이려다 음덕을 쌓기 위해 큰 鐘에 가두어 넣고 스스로 죽게 함. ⑩ 鄧氏 매일 저녁 관음보살에게 남편을 구해달라고 기도를 함.	① 일찍 부모를 여읜 秀才 宋之煥은 배움에는 게으르고 매번 노역으로 번 돈은 모두 도박에 탕진함. ② 같은 군에 살고 있는 李氏 집안에 매우 예쁜 딸이 있는데 좋은 사윗감을 고르다가 父는 죽고 혼사를 놓치게 됨. ③ 宋之煥 역시 나이 30이 되도록 혼사를 정할 길이 없어 고민하다가 李氏집안의 사정을 듣고 평소 친하게 지내던 주모를 통해 중매를 서게 함. ④ 혼례를 치르고 李娘子 남편 宋郞의 배움에 대해 물어봄. ⑤ 宋郞이 자신의 노역에 대해 이야기하자 李娘子는 육체노동을 牛馬의 功에 비유하며 선비는 學問을 해서 위로는 임금에게 충성하고 아래로는 백성에게 혜택을 베풀어야 한다고 함. ⑥ 그에 宋郞은 10년을 기약하고 학문을 닦기로 하고 10년 후 진사에 급제해서 돌아옴. ⑦ 마침 李氏는 아들을 가지게 되었는데 10살이고 매우 총명함. ⑧ 宋生이 성공한 후 독서를 매우 즐겨 자주 百年古刹 福安寺에서 머물며 책을 읽게 되었는데 그러면서 글귀를 조금 아는 중 慧明과 매우 가까이 지내게 됨. ⑨ 慧明의 爲人이 巧猾하여 宋生의 말을 잘 따르니 宋生은 아내 李氏 앞에서 자주 慧明을 치하함. ⑩ 慧明 하루는 宋生 집 방문하게 되고 李氏는 고마움에 하루 저녁 묵고 가라고 함. ⑪ 慧明 李氏의 미모에 반함. ⑫ 慧明 李氏에 대한 욕망을 간신히 누르고 사찰에 돌아와서 방법을 강구함. ⑬ 새벽에 방법을 생각해내고 轎車 2명을 고용해서 宋進士가 갑자기 쓰러졌다는 것을 빌미로 李氏를 모셔오게 함. ⑭ 李氏 慧明의 간계에 넘어가 절에서 하룻밤 묵게 됨. ⑮ 李氏 한 밤중에 능욕 당할 뻔했지만 기지로 위기를 모면함. ⑯ 이튿날 宋生 慧明 방문하러 왔다가 李氏 발견하고 慧明과 싸움이 붙음. ⑰ 慧明 宋生을 죽이려다 宋生이 애원하자 음덕을 쌓기 위해 큰 鐘에 가두어 넣고 스스로 죽게 함.

	「觀音菩薩托夢」, 『龍圖公案』	「老大郎君遊學慈悲觀音托夢」(12회로 개작), 『龍圖公案』(제2화)
		⑱ 慧明 돌아와서 李氏를 희롱하려 하자 李氏는 세 가 조건을 제시하며 84일의 시간을 벎. ⑲ 慧明은 李氏를 지하실에 가두고 李氏는 지하실에 양반가문출신인 다른 피해자 2명 발견함.
소송	① 包公 연속 3일 관음보살이 사건현장으로 이끌어주는 꿈을 꿈. ② 包公 丁日中 발견. ③ 丁日中 사건 고발함.	① 한편 13세가 된 아들 瑞麟은 이틀이 지나도 부모 소식이 없자 부모 찾으러 나섬. ② 길에서 어르신 金生을 만나며 金生은 시간상 이상 점을 이야기해줌. ③ 瑞麟은 福安寺를 찾아 몰래 수색하며 慧明을 만나 수상한 점을 발견함. ④ 瑞麟은 돌아오는 길에 兪公拓基가 本郡을 巡察한다 소식을 듣고 신고를 함. ⑤ 한편 李氏는 관음보살에게 기도를 하면서 간신히 티고 있음.
사건 심리	① 包公 鄭氏 구출해내자 性慧 죄를 인정함.	① 巡使 관저에서 연속 3일 관음보살이 사건현장에 이 어주는 똑같은 꿈을 꿈. ② 巡使 瑞麟의 송사를 접수하고 직접 福安寺에 가서 사를 진행함. ③ 巡使 사찰 뒷마당에서 혈흔 발견하고 수색 끝에 宋 발견함. ④ 宋生을 구출하고 宋生으로부터 진상을 알게 됨. ⑤ 慧明을 문초해서 자백을 받아내고 李氏를 구함.
판결	① 性慧를 사형에 처하고 나머지 중들을 유배(充軍) 보냄. ② 包公 鄭氏의 몸을 버린 것에 대해 문책함. ③ 鄭氏 기둥을 들이받고 자결하려 했으나 죽지 않고 살아남. ④ 包公 鄭氏와 丁日中을 재결합시킴. ⑤ 丁日中 나중에 과거에 급제하고 벼슬은 同知까지 오름.	① 慧明은 사형에 처하고 나머지 중들은 유배(充軍) 보 ② 피해자 2명도 함께 구출해서 집으로 보냄. ③ 巡使 李氏의 재주와 지혜를 가상하게 여겨 의붓누로 삼음. ④ 巡使 상경한 후 임금께 李氏의 旌閭를 주청하였으 마침 모함에 빠져 먼 섬으로 유배를 간 까닭에 결과 보지 못하고 나중에 아들 瑞麟이 개명한 후 과거 급제하여 參判의 벼슬자리까지 오름.

나쁜 마음을 먹음으로써 두 사람의 수난이 시작된다. 『신단공안』의 '송지환'은 아내를 만났기 때문에 글을 읽게 되고 글을 읽었기 때문에 사찰에서 독서하는 취미가 생겼으며, 또 그로 인해 중 '혜명慧明'을 만나고 '혜명'이 나쁜 마음을 먹음으로써 두 사람의 수난이 시작된다. 즉 주인공 '송지환'의 수난은 지혜로운 아내 '이 씨'와의 만남에서 비롯되었다고 할 수 있다. 다음은 총명한 아들 '서린'의 역할이다. 원작은 두 사람의 몸이 모두 구속된 상태에서 '포공'이 연속 3일 같은 꿈을 꾸고 사건을 해결함으로써 두 사람은 위기를 모면한다. 다시 말하면 원작은 원고와 피고가 없이 송사가 발생한 셈이다. 하지만 『신단공안』은 '서린'을 추가함으로써 원고와 피고가 확실해진 후에 '유척기'가 사건 조사에 착수하게 된다. 즉 주인공 '송지환'이 위기를 모면할 수 있었던 이유는 총명한 아들 '서린'이 있었기 때문이기도 하다. 한마디로 세 사람의 관계는 복잡하게 얽혀 있으며 작가가 치밀하게 소설의 플롯을 재구성하고 있음을 알 수 있다.

소송과 사건 심리 부분을 볼 때 원작은 단순하게 '포공'이 연속 3일 같은 꿈을 꾸고 사건현장을 답사해서 주인공을 발견하는 것으로 되어 있다. 하지만 『신단공안』은 아들 '서린'이 먼저 부모의 행방을 찾아 사찰에 들렀다가 이상한 점을 발견한다. 그리고 순사 '유척기'가 사찰 뒷마당에서 혈흔을 발견하여 물증을 확보함으로써 사건 해결에 전기를 마련한다.

소설의 결말을 볼 때 원작은 주인공이 위기를 모면한 후 출세하여 행복하게 사는 전통 서사에 충실하고 있다. 하지만 『신단공안』은 주인공의 출세 부분이 생략되어 전통 서사에서 탈피하는 양상을 보여 주고 있다. 소설에서 순사는 지혜로운 '이 씨'를 의붓누이로 삼고 '이 씨'의 정려旌閭를 조정에 주청하였으나 모함에 빠져 먼 섬으로 유배를 간 까닭에 결과를 보지 못하고 나중에 아들이 개명한 후 과거에 급제하여 참판參判의 벼슬자리까지 올랐다고 개작하고 있다. 다시 말하면 주인공은 위기를 모면하였으나 행복한 결말을 얻지 못하였다는 뜻인데 이는 암울한 현실을 드러내기 위한 장치임이 분명하다. 이처럼 작가는 플롯을 새롭게 구성하면서 작품의 현실성을 확보하고 있다.

아래 제3화를 살펴보기로 한다.

〈도표 12〉를 통해 알 수 있다시피 『신단공안』 제3화는 원작을 16회로 개작하면서 주로 사건 발생 부분과 소송 부분에 화소를 추가하였다. 사건 발생 부분부터 보면 눈에 띄는 대목은 단연 화소 ②다. 아버지 '창조'가 몹쓸 병에 걸려 죽을 지경에 이르자 14살에 불과한 딸 '혜낭'이 두 달 동안 극진히 간호해서 아버지를 살려낸다. 즉 '혜낭'의 효심을 강조해서 복선을 깔아두기 위한 것인데 이를 위해 작가는 과장된 묘사도 서슴지 않았다.[37] 결국 '혜낭'은 시신의 머리를 찾아오면 아버지를 풀어준다는 말에 스스로 목을 졸라 죽는다.

37 "一日은 昌朝가 偶然得疾ᄒᆞ야 呻吟在床ᄒᆞ더니 一連兩月을 病勢沉緜ᄒᆞ야 臥不能起호ᄃᆡ 未嘗叫痛叫苦ᄒᆞ고 只是詵詵奄奄에 如無源之泉이 因旱自涸ᄒᆞ야 容貌瘦瘠에 骨立如柴ᄒᆞ며 臂細如指ᄒᆞ고 脚細如臂ᄒᆞ니 朋友親戚의 遠來視病者ㅣ 雖覿面相慰에 期其必起ᄒᆞ나 出門呑泣에 暗暗作吊訣的貌樣ᄒᆞ고 往來隣人의 衆口一談이 皆謂崔生은 卽是今明間地下之人이라 ᄒᆞ니 情妻愛妾과 仁兄賢姪이 孰不勞勞苦苦에 憂愁悲痛ᄒᆞ야 以期一朝之回甦이리오만은 諺에 曰長病에 無孝子라 ᄒᆞ니 凡兩個月六十日間에 米飮藥餌之際와 坐依臥扶之時와 苛痒爬搔와 揮汗逐蠅을 誰能一一如病人之意리오 唯蕙娘稚女가 衣不解帶ᄒᆞ며 食不甘味ᄒᆞ고 旁求醫藥ᄒᆞ며 晝夜祈禱ᄒᆞ더니 蕙娘容態ᄂᆞᆫ 甚於病人ᄒᆞ고 崔生病勢ᄂᆞᆫ 稍稍減殺ᄒᆞ야 未幾日에 竟致痊可ᄒᆞ니 伊時蕙娘的芳齡이 不過十四라 左右鄰人이 皆道崔生的幾死僅生은 是蕙娘的孝思所感이라ᄒᆞ야 一辭讚歎ᄒᆞ더라".(『神斷公案』(제3화), 『皇城新聞』, 1906.6.9)

〈표 12〉『용도공안』의 번안 작품 플롯 양상

<table>
<tr><th></th><th>「三寶殿」, 『龍圖公案』</th><th>慈母泣斷孝女頭惡僧難逃明官手」(16회로 개작), 『神斷公案』(제3화)</th></tr>
<tr><td>건 생</td><td>① 福安縣의 일반인 章達德과 黃蕙娘 사이 매우 착한 딸 玉姬 있음.
② 章達德는 잘 사는 동생 章達道가 자식 없이 죽자 동생의 재산을 노려 동생의 처형 陳大方에게 改嫁를 권하게 함.
③ 동생의 처 順娥는 改嫁를 거부하고 陳大方의 아들 元卿을 양자로 들여 남편의 후사를 잇게 하려고 했지만 章達德은 姓이 다르다는 핑계로 이를 막자 陳大方은 章達德에 원한을 품게 됨.
④ 順娥는 남편 제삿날에 자주 龍寶寺 중 一淸을 집에 불러 염불함.
⑤ 여러 차례 반복되면서 一淸은 나쁜 마음을 먹게 되고 하루는 順娥에게 고백함.
⑥ 順娥는 婢女한테 발각되어 망신당하는 것이 두려워 낮은 목소리로 一淸을 꾸짖으며, 큰아버지를 불러 혼내 주겠다고 하자 一淸은 칼로 죽이고 머리를 經擔에 감춤.
⑦ 그리고 태연하게 문밖으로 나와서 주인을 부르며 첩 徐妙蘭이 사건현장을 발견하게 됨.
⑧ 達德은 一淸을 의심하지 않게 되고 절에 돌려보내며 一淸은 머리를 三寶殿에 감추고 근신함.</td><td>① 忠淸道公州郡의 士人 崔昌朝와 黃氏 사이 매우 착한 딸 蕙娘 있음.
② 하루는 昌朝가 몹쓸 병에 걸렸는데 蕙娘이 꼬박 두 달 동안 극진히 간호한 덕분에 살아남.
③ 비교적 잘 사는 昌朝 동생 昌夏은 金氏와 결혼해서 살다가 갑자기 병에 걸려 죽음.
④ 동생이 자식 없이 죽자, 그 재산을 노려 동생의 처형 金大方에게 改嫁를 권하게 함.
⑤ 金氏는 改嫁를 거부하고 오히려 昌朝의 둘째 아들로 남편의 후사를 잇게 하려고 했지만 昌朝의 노여움만 사게 됨.
⑥ 大方은 동생이 안쓰러워 자주 동생 집에 들르게 되는데 하루는 昌朝의 횡포를 보고 욕을 한바탕 한 뒤 떠나감.
⑦ 金氏는 더욱 남편이 그리워 남편 제삿날에 자주 中菴寺 중 一淸을 집에 불러다 염불함.
⑧ 여러 차례 반복되면서 一淸은 나쁜 마음을 먹게 되고 하루는 金氏를 희롱하려고 함.
⑨ 金氏는 다른 사람이 들으면 망신당할 까봐 낮은 목소리로 꾸짖으며, 이웃을 불러 관청에 신고하겠다고 하자 一淸은 칼로 죽임.
⑩ 一淸은 사건현장을 떠나려다 金氏의 아름다운 머릿결과 비녀, 귀걸이가 값진 것을 보고 머리를 經擔에 숨겨 가지고 떠남.
⑪ 절에 도착하기까지 아무도 이를 본 사람이 없음.
⑫ 한참 지나 昌夏 집 小婢가 사건현장을 발견하게 됨.
⑬ 小婢가 미리 모셔온 중을 용의자로 지목함.
⑭ 중 一淸의 經擔도 함께 사라진 것을 보고 昌朝는 一淸을 불러 오늘은 왜 염불하러 오지 않느냐고 질문함.
⑮ 一淸은 몸이 불편해 조금 지체했다고 하면서 시신 앞에서 통곡하는 모습을 연출함.</td></tr>
<tr><td>송</td><td>① 陳大方이 章達德을 용의자로 관청에 고발함.</td><td>① 이웃들 昌朝를 의심하기 시작하며 大方 역시 전에 일을 생각하며 昌朝를 관청에 고발하러 감.
② 그러나 증거나 증인이 없어 거리를 방황하다가 昌夏의 절친 李三郎을 만나게 됨.
③ 李三郎이 증인으로 나서주겠다고 하며 대신 소송장을 작성해줌.
④ 둘이 함께 昌朝를 제1 용의자로 관청에 고발함.</td></tr>
</table>

	「三寶殿」,『龍圖公案』	「慈母泣斷孝女頭惡僧難逃明官手」(16회로 개작), 『神斷公案』(제3화)
사건 심리	① 包公 하급관리 知府에게 사건 의뢰함. ② 知府가 章達德를 심문했으나 결과 없음. ③ 包公이 또 하급관리 尹知縣을 지시해서 피해자 屍首를 찾게 함. ④ 탐관 尹知縣은 章達德에게 피해자 屍首를 찾아오면 석방해주겠다고 함. ⑤ 1년 동안 사건 해결에 진전이 없자 達德 일가는 경제적으로 곤경에 처하게 됨. ⑥ 딸 玉姬 피해자 屍首 찾아오면 아빠를 석방해 준다는 사실 알게 됨. ⑦ 玉姬 부모 생명 구하기 위해 목매 죽음. ⑧ 蕙娘은 딸 玉姬의 죽음이 헛되지 않게 머리를 잘라 남편 達德에게 전달하고 達德은 그 사실을 모른 채 머리를 尹知縣에게 받침. ⑨ 尹知縣은 達德을 사형에 처하고 상급기관으로 압송함. ⑩ 巡安 包公은 머리가 새것인 것을 보고 黃氏와 첩 徐妙蘭을 심문해 사실을 밝혀냄. ⑪ 包公은 玉姬 같은 효녀를 둔 아빠는 살인자일 수 없다고 단정하고 蕙娘을 지시하여 龍寶寺에 자주 가서 소원을 빌게 함. ⑫ 중 一淸이 계책에 넘어오자 蕙娘은 죽은 順娥의 머리를 구해다 주면 몸을 허락하겠다고 함. ⑬ 一淸은 욕정을 주체하지 못하고 감추어두었던 시신 머리 보여줌. ⑭ 蕙娘 내일 몸을 허락하겠다는 핑계로 사람 불러 一淸을 체포함. ⑮ 包公 앞에서 一淸은 죄를 인정함.	① 本州判官 南公夏永은 피고와 원고를 모두 불러 조사함. ② 이웃의 증언에 따라 昌朝를 고문하며, 昌朝는 고문을 이겨나 못하고 죄를 인정함. ③ 그러나 屍首는 찾을 길이 없어 昌朝를 사형에 처하고 문서 작성해 道伯에게 제출함. ④ 道伯은 屍首가 없으면 사건을 종결할 수 없다고 함. ⑤ 判官이 달리 방법이 없어 昌朝만 고문하자 昌朝妻黃氏와 딸 蕙 은 목숨을 살려달라고 혈서를 작성해서 제출함. ⑥ 人面狗腸인 判官은 黃氏한테 屍首를 찾아오면 석방해 주겠 고 함. ⑦ 딸 蕙娘이 이 사실을 알게 됨. ⑧ 蕙娘 일가족을 구하기 위해 스스로 목을 졸라 죽음. ⑨ 黃氏는 딸 蕙娘의 죽음이 헛되지 않게 머리를 잘라 判官에 받침. ⑩ 判官은 죄인과 증거물을 觀察府로 압송함. ⑪ 觀察은 머리가 새것인 것을 보고 黃氏를 심문해 사실을 밝혀 ⑫ 觀察은 蕙娘 같은 효녀를 둔 아빠는 살인자일 수 없다고 단정 고 黃氏를 지시하여 中菴寺에 자주 가서 소원을 빌게 함. ⑬ 중 一淸이 계책에 넘어오자 黃氏는 죽은 金氏의 머리를 구하 주면 몸을 허락하겠다고 함. ⑭ 一淸은 욕정을 주체하지 못하고 감추어두었던 金氏의 머리 보여 ⑮ 黃氏는 내일 몸을 허락하겠다는 핑계로 사람 불러 一淸을 체포 ⑯ 觀察 앞에서 一淸 죄를 인정함.
판결	① 一淸을 사형에 처함. ② 包公은 죽은 陳氏와 玉姬에게 각각 정절비와 효녀비를 세워주게 함.	① 一淸을 사형에 처하고 判官도 관련 법에 따라 처벌함. ② 觀察은 죽은 金娘과 蕙娘에게 각각 정절비와 효녀비를 세우 게 함. ③ 李三郎은 蕙娘이 자신 때문에 죽었다고 자책하다가 병에 걸 죽음.

다음은 피해자의 오빠와 관련된 부분인데 원작에서 피해자는 오빠 '진대방'의 아들 '원경'을 양자로 들여 남편의 후사를 잇게 하려고 하였다. 하지만 '장달덕'은 성이 다르다는 이유로 반대하였고 그로 인해 '진대방'의 원한을 사게 된다. 즉 '진대방'이 나중에 '장달덕'을 살인 용의자로 고소하는 것은 어느 정도 자신의 이해관계와 맞물려 있다는 뜻이다. 『신단공안』에서는 피해자가 오빠의 아들이 아니라 아주버니 '창조'의 둘째 아들을 양자로 들이려고 했다가 노여움만 사는 것으로 되어 있다. 피해자의 오빠 '김대방'은 '창조'의 횡포를 겪는 동생이 안쓰러워 자주 동생 집에 들르는 역할을 하는데 주목할 부분은 '창조'와 다투고 나서 발길을 끊었다고 함으로써 은연중에 사건현장을 비워 둔 점이다. 또한 원작의 이해관계를 제외하였기 때문에 '김대방'의 증언에 신빙성을 더해준다. 작가는 이것도 부족했는지 소송 부분에 '이삼랑'이라는 인물을 조력자로 추가해서 증인으로 내세우고 있다. '창조'의 횡포를 자주 목격한 사람을 '김대방'과 '이삼랑' 두 사람으로 만든 셈이다. 피해자인 '김 씨' 또한 오빠의 발길이 끊기자 더욱 남편이 그리워졌으며 남편의 제삿날에 자주 중암사의 중 '일청'을 불러 제사를 지낸다.

그밖에 살인자가 피해자의 머리를 감추는 대목도 『신단공안』은 피해자의 아름다운 머릿결과 비녀, 귀걸이 등이 값진 것으로 보았기 때문이라고 하고 있다. 또한 작가는 살인자가 절에 도착하기까지 아무도 이를 본 사람이 없다고 부연 설명하였는데 목격자의 중요성을 의식했기 때문이다.

이상 『황성신문』에 연재된 『신단공안』 제1화, 제2화, 제3화를 통해 볼 때 작가가 가장 신경을 많이 쓴 부분은 사건 발생 부분인데 그 의도는 매우 분명하다. 즉 전통 송사소설의 우연에 의한 스토리 전개를 적절한 플롯 추가와 구성을 통해 현실성과 필연성을 갖춘 범죄소설로 새롭게 탄생시키고 있다는 점이다.

그럼 아래 『대한일보』에 연재된 『용함옥』을 살펴보기로 한다. 『용함옥』은 한 작품에서 번안과 작가의 개인 창작이 온전히 이루어졌기 때문에 1906년도 신문연재 한문체소설의 특징을 밝히는 데 매우 중요한 실마리를 제공해 준다.

『삼언이박』의 「옥당춘낙난봉부」는 『용도공안』의 작품들에 비해 분량도 많고 구성도 복잡하다. 서사공간도 여러 개로 설정되어 남녀 주인공의 만남과 이별은 여러 공간에서 이뤄진다. 남녀 주인공이 수난을 겪는 공간도 다르게 설정되었는데 '왕경륭'은 북경에서 산적을 만나 죽을 고비를 겪고 '옥당춘'은 산서山西에서 살인 누명을 쓰고 옥살이를 한다. 결국 남성 주인공 '왕경륭'이 출세함으로써 두 사람은 위기를 극복하게 되는데 이는 고전소설의 전통적인 플롯이다.

『용함옥』은 23회부터 부 플롯을 추가하기는 하였지만 22회까지는 비슷한 플롯을 구사하였다. 하지만 원작과 꼼꼼히 비교하면 작가는 여성의 역할을 강조하기 위해 많은 화소를 추가한 사실을 확인할 수 있다. 특히 여성 주인공이 스스로 위기를 극복해야 할 부분에 많은 화소를 추가하였는데 그것은 다름 아닌 고전소설에서 흔히 등장하는 여성 주인공이 사랑하는 사람을 위해 정조를 지키는 대목이다. 두 작품을 볼 때 여성 주인공이 남성 주인공과 이별한 후 정조를 지키기 위해 창모娼母·老鴇와 싸우는 부분은 대체로 일치하다. 하지만 팔려가서 정조를 지키는 부분에서는 큰 차이를 보인다. 원작은 '옥당춘'이 산서로 팔려간 후 정

〈도표 13〉『삼언이박』의 번안 작품 플롯 양상

玉堂春落難逢夫, 『警世通言』(卷24)
① 南京金陵城의 王瓊 進士에 급제하여 벼슬이 禮部尙書에 이름.
② 王瓊 劉瑾의 세도정치를 탄핵했다가 벼슬에서 쫓겨나 고향으로 내려감.
③ 셋째 아들 景隆은 北京에 남아 계속 공부하고 하인 王定은 빌려준 돈을 수금함.
④ 景隆은 3개월 후 王定이 돈을 모두 수금하자 고향으로 내려가기로 함.
⑤ 景隆은 王定을 데리고 시내 구경하러 가게 됨.
⑥ 景隆은 술집에서 一秤金家 三姐 玉堂春이 매우 예쁘다는 말을 듣게 됨.
⑦ 景隆은 해바라기 파는 金哥의 안내로 一秤金家에 도착하게 됨.
⑧ 老鴇는 景隆을 극진히 모심.
⑨ 景隆은 玉堂春과 사랑에 빠지게 됨.
⑩ 景隆은 王定이 눈에 거슬려 고향으로 쫓아 보냄.
⑪ 1년 후 景隆은 재산을 모두 탕진함.
⑫ 老鴇는 景隆을 내쫓기 위해 玉堂春을 핍박함.
⑬ 老鴇는 景隆을 따돌린 후 玉堂春을 데리고 도망침.
⑭ 景隆은 玉堂春을 찾아 나섰다가 산적을 만남.
⑮ 산적은 재물을 모두 빼앗은 뒤 景隆을 묶어두고 도주함.
⑯ 景隆은 마을 사람들의 도움으로 겨우 거지꼴로 北京에 돌아옴.
⑰ 景隆은 孤老院에 몸을 의탁함.
⑱ 老鴇는 한 달 후에 玉堂春을 데리고 돌아옴.
⑲ 景隆은 구면 있는 王銀匠을 만나 그의 집에 머물게 됨.
⑳ 景隆은 王銀匠 妻의 잔소리를 듣고 關王廟에 소원 빌러 가게 됨.
㉑ 關王廟에서 金哥를 만남.
㉒ 金哥는 玉堂春에게 景隆의 소식을 전해 줌.
㉓ 玉堂春과 景隆은 關王廟에서 재상봉하게 됨.
㉔ 景隆은 玉堂春의 계책에 따라 화려한 행장을 차리고 一秤金家 앞을 지나감.
㉕ 老鴇는 다시 景隆에게 매달리게 됨.
㉖ 玉堂春은 景隆의 재물을 모두 돌려주고 고향으로 내려 보냄.
㉗ 景隆이 돈을 갖고 사라지자 老鴇는 玉堂春을 의심하며, 玉堂春은 老鴇가 돈 때문에 景隆의 목숨을 해쳤다고 주장함.
㉘ 이웃들의 화해로 둘은 합의를 보며 玉堂春은 정조를 지킬 수 있게 됨.
㉙ 景隆은 고향에 돌아와서 다시 공부를 시작하고 鄕試에 급제함.
㉚ 玉堂春은 景隆의 과거시험이 있는 날 마당에서 소원을 빌게 됨.
㉛ 山西 사람 沈洪은 玉堂春을 희롱하려고 하다가 낭패를 봄.
㉜ 景隆은 北京에서 會試를 준비함.
㉝ 沈洪은 玉堂春을 얻기 위해 큰돈을 써가며 老鴇에게 부탁함.
㉞ 老鴇는 鄕試에 급제한 景隆의 보복이 두려워 玉堂春을 沈洪에게 팔기로 함.
㉟ 玉堂春은 沈洪과 老鴇의 계책에 빠져 山西로 팔려감.
㊱ 景隆은 사실을 알고 老鴇를 찾아 한바탕 소동을 벌임.
㊲ 景隆은 山西로 부임될지도 모른다는 희망에 會試를 보며 급제하게 됨.
㊳ 沈洪의 妻 皮氏는 남편이 없을 때 監生 趙昂과 눈이 맞게 됨.
㊴ 남편이 첩을 데리고 온다는 소식을 듣고 둘은 살인을 모의함.
㊵ 玉堂春은 沈洪 집에 도착함.
㊶ 玉堂春은 정조를 지키기 위해 沈洪의 寢具를 내다 버리고 방문을 잠금.
㊷ 이튿날 沈洪만 독약을 탄 음식 먹고 죽음.
㊸ 皮氏는 그 죄를 玉堂春에게 뒤집어씌움.
㊹ 탐관 王知縣은 玉堂春의 자백을 받아내고 감옥에 수감함.
㊺ 刑房吏 劉志仁은 玉堂春을 남몰래 보살펴줌.
㊻ 景隆은 山西巡按으로 발령남.
㊼ 景隆은 玉堂春의 옥사를 해결함.
㊽ 景隆은 1년 동안 임기를 마치고 北京에 돌아와서 玉堂春을 첩으로 맞이함.
㊾ 나중에 王景隆은 벼슬이 都御史에 이름.

龍含玉(30회로 개작), 『大韓日報』
1~22회

* 소설 제1회 부분이 유실되어 원작 ①~④ 부분에 해당되는 화소 확인 불가.
⑤ 龍은 周覽東西兩館하다가 一位紅娥를 만남.
⑥ 龍은 賣瓢子老媼에게 만남을 주선해 달라고 부탁함.
⑦ 賣瓢子老媼는 龍에게 玉檀이 더 예쁘다고 일러줌.
⑧ 龍의 부탁으로 賣瓢子老媼는 玉檀을 데리고 옴.
⑨ 龍은 은자 3천 냥을 玉檀의 家에 보내고 其母는 龍을 극진히 모심.
⑩ 玉檀은 龍에게 과거 良家女子의 신분을 밝히고 두 사람은 百年偕老를 맹세함.
⑪ 龍은 주색에 빠져 돌아갈 생각을 잊게 됨.
⑫ 老僕은 龍에게 다섯 가지 罪를 열거하며 충고함.
⑬ 龍은 老僕을 내쫓음.
⑭ 老僕은 고향 商販한테 龍의 소식을 부탁하고 자결함.
⑮ 商販은 龍의 소식을 閣老에게 전함.
⑯ 龍은 數年 동안 주색에 빠져 살게 됨.
⑰ 玉檀이 과거시험을 권하였으나 龍은 미련을 버리지 못함.
⑱ 재산을 모두 탕진하자 娼母는 龍을 내쫓으려고 함.
⑲ 娼母는 朝雲의 奸計에 따라 玉檀을 데리고 도망침.
⑳ 龍은 玉檀을 찾아 나섰다가 산적을 만남.
㉑ 산적은 娼母가 千金을 주고 고용함.
㉒ 龍이 金環으로 목숨을 구걸하자 산적은 龍을 묶어두고 떠남.
㉓ 龍은 지나가던 老翁의 도움을 받고 돌아오게 됨.
* 소설 제7회, 제8회 부분이 유실되어 원작 ⑰~㉑ 부분에 해당되는 화소 확인 불가.
㉙ 玉檀은 老媼를 통해 龍에게 은자와 편지를 전함.
㉚ 龍은 徐州 關帝廟에 잠입해서 玉檀을 기다림.
㉛ 同郡大賈姓趙者가 玉檀에게 눈독을 들이게 됨.
㉜ 玉檀은 關帝廟에서 龍을 만남.
㉝ 龍은 玉檀의 계책에 따라 화려한 행장을 차리고 娼母집 앞을 지나감.
㉞ 玉檀은 破盟을 구실로 자살소동을 벌임.
㉟ 娼母는 다시 龍에게 매달리게 됨.
㊱ 玉檀은 龍의 재물을 모두 돌려주고 고향으로 내려 보냄.
㊲ 龍이 돈을 갖고 사라지자 娼母는 玉檀을 의심하며, 玉檀은 娼母가 돈 때문에 龍의 목숨을 해쳤다고 주장함
㊳ 玉檀은 娼母를 고소하지 않는 조건으로 합의를 보며, 정조를 지킬 수 있게 됨.
㊴ 玉檀은 婢女 蘭英의 乞米로 살아가게 됨.
㊵ 娼母는 趙賈者와 짜고 玉檀을 집에서 내쫓음.
㊶ 玉檀은 길에서 趙賈者에게 납치당하며 娼母가 자신을 팔아넘긴 사실을 알게 됨.
㊷ 玉檀은 혈서를 작성해 길가의 나뭇가지에 걸어둠.
㊸ 玉檀은 趙賈者집에 도착함.
㊹ 玉檀은 시간을 벌기 위해 王郞과의 약속한 시간이 지나면 몸을 허락하겠다고 함.
㊺ 浙江商人이 비단을 팔려고 옴.
㊻ 玉檀은 비단을 사서 시 한 편 수놓고 다시 紹興王閣老집에 갖고 가서 팔게 함.
㊼ 玉檀은 趙賈者舊妻가 貞操관념이 없고 이웃집 巫夫 또한 주색을 좋아하는 사실을 발견함.

龍含玉(30회로 개작), 『大韓日報』
㊽ 玉檀은 두 사람의 필체를 모방해 편지를 보냄으로써 두 사람을 姦通하게 만듦. ㊾ 하루는 일부러 두 사람의 姦通현장을 목격한 것처럼 보여주어 두려움을 심어줌. ㊿ 舊妻와 巫夫는 玉檀과 趙賈者 둘 다 죽이기로 모의하고 죽에 鴆毒을 탐. (51) 玉檀은 이를 눈치 채고 죽을 趙賈者에게 가져다주면서 자신의 죽 그릇은 엎어버림. (52) 趙賈者가 죽자 玉檀은 이웃을 불러 舊妻巫夫가 간통한 사실과 남편을 죽인 사실을 밝히며, 舊妻巫夫는 玉檀이 奪節之怨으로 남편을 죽였다고 주장함. (53) 뚜렷한 증거가 없어 사건은 해결을 보지 못하고 疑獄으로 남게 됨. (54) 龍은 집에 돌아와서 다시 공부에 전념함. (55) 龍은 玉檀의 혈서와 비단에 수놓은 시를 받고 玉檀의 생사를 확인함. (56) 龍은 장원에 급제하고 朝廷의 명에 따라 徐州殺夫疑案을 맡게 됨. (57) 玉檀은 새로운 어사가 부임한다는 소식을 접하고 蘭英을 시켜 알아보게 함. (58) 王慶龍은 옥사를 해결하기 위해 탐문조사를 벌임. (59) 王慶龍은 거지꼴로 감옥에 가서 玉檀을 면회함. (60) 公開裁判에서 증인들은 玉檀이 정조를 지킨 사실을 증언함. (61) 慶龍은 지혜로 사건을 해결하며 舊妻巫夫를 絞刑에 처함. (62) 趙賈者 이웃 義俠男兒 黃俊猊는 악의 근원인 娼母를 고발함. (63) 慶龍은 사건을 本府刺史 吳白圭에게 의뢰하며 吳白圭는 娼母를 終身懲役에 처함. (64) 吳白圭가 술자리를 마련하여 慶龍과 玉檀은 드디어 모든 시련을 겪고 재회하게 됨.
23~30회
(65) 王慶龍은 어명에 따라 南蠻의 반란을 平定하기 위해 출정함. 玉檀도 따라 나섬. (66) 첫 번째 싸움에서 지게 됨. (67) 玉檀은 王慶龍에게 과거 諸葛亮이 孟獲을 七縱七擒한 방법에 따라 南蠻을 心服하여야 한다고 일러줌. (68) 玉檀의 말에 따라 남만진영에 使者를 파견하려고 하였으나 실패함. (69) 王慶龍은 남만의 犀象軍에 大敗함. (70) 玉檀이 蠻王을 굴복시키겠다고 나섬. (71) 蠻王은 玉檀의 神威에 겁먹고 투항함. (72) 황제는 慶龍은 兵部侍郎兼翰林院太學士에, 玉檀은 平南國夫人에 책봉함. (73) 閣老는 玉檀은 아들의 正室이 될 수 없다고 생각함. (74) 閣老가 황제에게 上表하자 황제는 둘째 딸 玉華公主를 정실로 下嫁하고 玉檀을 亞室로 맞이하게 함. (75) 皇帝는 성대한 연회를 베풀게 됨. (76) 세 사람은 시를 짓고 황제는 그 시를 批評함. (77) 우열을 가릴 수 없어서 제비를 뽑게 하였으며, 결과 玉華公主가 1등, 玉檀이 2등하고 慶龍은 3등을 해서 벌칙을 받게 됨. (78) 황제는 또 百官을 상대로 詩題를 내고 慶龍은 七步內에 시를 지어 1등을 함. (79) 그후 부모에게 효도하고 황제에게 충성을 다하며, 부부 간에 서로 예의를 지키면서 자손도 매우 번창하게 됨.

조를 지키기 위해 고작 '심홍沈洪'의 침구寢具를 내다 버리고 안에서 방문을 잠그는 것으로 나와 있다. 그리고 이튿날에 '심홍'이 바로 살해당함으로써 위기는 저절로 해소된다. 다시 말하면 '옥당춘'이 정조를 지키는 것과 살인 누명을 쓰는 것 사이에는 아무런 관계도 없다. 하지만『용함옥』에서는 여성 주인공이 살인 누명을 쓰는 것은 정조를 지키는 것과 직결되어 있다. 우선 '옥단'은 '조 씨' 집에 도착한 후 정조를 지키기 위해 '왕경룡'과의 약속한 시간이 지나면 몸을 허락(화소 ㊴)하겠다고 한다. 시간을 번 후 위기에서 벗어날 방법을 스스로 강구하는데 그러면서 '조 씨'의 '구처舊妻'가 정조관념이 없고 이웃집 '무부巫夫'가 주색을 몹시 좋아하는 사실(화소 ㊷)을 발견하게 된다. '옥단'은 두 사람의 필체를 모방해서 서로에게 편지를 보냄으로써 두 사람이 간통하도록 다리를 놓아준다. 그리고 일부러 간통 현장을 목격한 것처럼 연출하여 두 사람이 살인을 모의하게끔 한다.[38] 죽에 독을 탄 사실을 눈치 챈 후 자신의 죽 그릇은 엎어버리고 '조 씨'의 죽 그릇은 그대로 가져다준다. '조 씨'가 죽자 이웃을 불러 '구처'와 '무부'가 간통한 사실과 남편을 죽인 사실을 밝히면서 자신의 무죄를 입증하려고 한다. 결국 사건은 뚜렷한 증거가 없어 의옥疑獄으로 남게 되며 '옥단'은 감옥에 수감된다. 일언이폐지하면 작가는 고전소설에서 흔히 등장하는 간통 살인 플롯을 재구성하여 여성 주인공의 역할을 극대화하고 있다. 그밖에도 '옥단'은 납치당하여

---

38 "玉이 居數月에 審其舊妻가 雖有姿色이나 素無貞操ᄒᆞ고 又見隣家巫夫妻가 日相交遊此家而其巫夫가 亦無行檢이오 惟耽酒好色而已어ᄂᆞᆯ 玉이 乃僞作舊妻相邀期會之書ᄒᆞ야 依手跡而模之ᄒᆞ야 以投巫夫ᄒᆞ고 又作巫夫書ᄒᆞ야 以投舊妻ᄒᆞ니 兩人이 各以爲信ᄒᆞ고 相會相奸ᄒᆞ야 俱不悟矣러라 自此晨去暮來ᄒᆞ야 輒以爲常ᄒᆞ니 玉於一日에 乘其來會ᄒᆞ야 覘於窓牖ᄒᆞ야 顯示窺見之狀ᄒᆞ니 兩人이 恐玉이 告其夫ᄒᆞ고 相與謀計ᄒᆞ야 欲殺玉娘ᄒᆞ야 以滅其口어ᄂᆞᆯ".(金華山人,『龍含玉』(제17회),『大韓日報』, 1906.3.16)

가는 길에 혈서를 작성해 나뭇가지에 걸어둔다(화소 ㊲)든지 소식을 전하기 위해 비단 파는 절강상인浙江商人을 이용(화소 ㊶)한다든지 여러 곳에서 활약하고 있다.

한편 『용함옥』은 23회부터 부 플롯을 추가하였는데 이 부분에서 여성 주인공의 역할은 더욱 과장된다. 원작의 결말은 남성 주인공이 출세로 모든 위기가 해소되고 행복하게 사는 것으로 되어 있지만 『용함옥』은 조심스럽게 남만南蠻 평정 스토리를 추가하였다. '왕경룡'은 '옥단'의 사건을 해결한 후 남만의 반란을 평정하라는 어명을 받게 된다. 재미있는 점은 싸움에서 여러 번 지고 위기에 처한 남성 주인공을 여성 주인공이 구해 준다는 것이다. 다시 말하면 위기를 해소하는 주체가 남성에서 여성으로 바뀌었다. 소설에서 '왕경룡'이 남만의 서상군犀象軍에 대패하자 '옥단'은 단신으로 적진에 들어가 만왕을 굴복시킨다. 이처럼 작가는 독자들이 가장 익숙한 고전인 『삼국지』의 남만 평정 플롯을 차용하면서 여성의 비범한 능력을 다시 한번 입증하고 있다. 이러한 구성은 '일념홍'이 계몽자로 변신하는 것처럼 비약적인 면이 없지 않으나 그 다음의 연재소설 『여영웅』에서 남만 평정 스토리가 다시 등장하는 것으로 보아 그것을 위한 준비 단계로 짐작된다.

/ 제3장 /

전통 서사양식의 근대적 변화 양상

한문체소설이 1906년도에 신문연재 방식으로 부흥할 수 있었던 가장 큰 이유는 한문세대 작가층이 소설을 풍속 개량과 근대 계몽의 대중적 형식으로 보고 적극적으로 실천에 옮겼기 때문이다. 목적이 우선이었기 때문에 굳이 전통 서사양식을 고집할 필요도 배제할 필요도 없었으며 정통 한시의 눈치를 보지 않아도 되었다. 또한 신문연재 특성상 1회분 이야기의 상대적인 독립성, 흥미 유발 등 상업적 효과도 같이 고려해야 했기 때문에 작가들은 작품을 번안하거나 창작하는 과정에 새로운 시도를 할 수밖에 없는데 그 결과 소설 양식의 변화를 초래하였다.

조동일[1]은 17세기적인 소설은 중원中原의 천자天子를 정점으로 하는 질서의 회복을 염원하기 때문에 중국을 무대로 할 수밖에 없었고, 18세기적인 소설은 중원의 천자를 정점으로 하는 질서를 부정하고 우리의

1 조동일, 「영웅소설 작품구조의 시대적 성격」, 『한국학논집』 4, 계명대 한국학연구원, 1980, 713쪽.

자주성自主性을 발견하고자 했기 때문에 국내를 무대로 했다고 분석하고 있다. 그렇다면 서사공간의 설정에서 1906년도 한문체소설의 위상을 살펴보는 것도 무리는 없다.

1. 서사공간의 확장과 현실성

1906년도 신문연재 한문체소설의 서사공간은 주인공의 해외 진출과 함께 크게 국내와 해외 두 개의 현실적인 공간의 대립으로 설정되었다. 『대한일보』에 연재된 『일념홍』과 『여영웅』이 대표적 작품인데 『일념홍』 같은 경우 국내 공간은 개화의 대상으로 설정되고 해외 공간은 개화된 공간 즉 선망의 공간으로 설정되었다. 『여영웅』도 비슷하게 설정하였지만 전통과 기성윤리를 대변하는 국내 공간을 쉽게 부정하지는 못해 고심한 흔적이 보인다.

우선 『일념홍』 주인공의 행적을 국내와 해외로 〈도표 14〉와 같이 정리한다. 도표를 통해 볼 수 있다시피 국내 공간은 주인공의 수난과 직결되고 해외 공간은 주인공의 개화와 직결된다. 『일념홍』에서 국내는 주인공이 수난을 3번씩 겪는 불행의 공간이며 해외는 문명의 세례를 받는 희망의 공간이다.

재미있는 점은 주인공이 도덕적 자아완성을 국내에서 실현한다는 것이다. 소설은 '일념홍'이 사찰에서 금琴을 배우는 과정을 상세하게 묘사

〈도표 14〉『일념홍』의 서사적 공간

공간	주인공의 행적	결과
국내	① 洛陽城東 楊姓家에서 牡丹花妖의 轉生으로 출생함.	신비한 출생
	② 일념홍 2세 때 자신을 낳아 기른 楊媪 죽음.	수난 ①
	③ 16세 때 전란을 피해 사찰에 갔다가 산승 頑雲에 의해 敎坊에 팔려감.	수난 ②
	④ 五臺山 月汀寺에서 雲虛로부터 琴을 배움.	도덕적 자아완성
	⑤ 洛陽 부잣집 자제 이정을 만나 사랑을 나눔.	사랑
	⑥ 일념홍의 미모에 눈독을 들인 大官이 등장하면서 두 사람의 사랑은 좌절됨.	수난 ③
	⑦ 주한일본공사의 도움으로 위기를 모면함.	조력자 등장
해외	⑧ 일념홍 일본에서 여학교에 입학함.	개화 ①
	⑨ 이정 일본에서 사관학교에 입학함.	
국내	⑩ 이정 日俄戰爭에 참전함.	전공(戰功)을 세움
해외	⑪ 일념홍 영국으로 유학 감.	개화 ②
	⑫ 유럽과 미국을 유람함.	개화 ③
국내	⑬ 귀국 후 이정과 일념홍은 사립은행, 사립병원, 사립학교를 설립하는 등 실업에 종사함.	개화 진행 ①
	⑭ 일념홍도 남녀평등을 주장하며 여성계몽과 교육사업에 종사함.	개화 진행 ②

하였다. 산승山僧 완운頑雲에게 팔려 기적妓籍에 오른 '일념홍'은 회비지란淮匪之亂을 피해 오대산五臺山 월정사月汀寺에 숨어 살게 되는데 그곳에서 운허雲虛라는 금사琴師를 만나 금을 배운다. '일념홍'은 금을 터득하면서 고상한 인품을 지니게 되며 더 넓은 바깥세상을 동경하게 된다.

紅이 一自學琴以來로 意匠□絶ᄒᆞ고 志氣高尙ᄒᆞ야 每有物外之遐想ᄒᆞ야 蒐聚古代琴調ᄒᆞ야 成一琴譜ᄒᆞ니 上自虞帝南風曲孔子猗蘭操箕山操師曠舞鶴調涓涓水中曲成連海山操伯牙峨洋曲松風曲廣陵散等數百篇ㅣ이라 紅이 以雲虛一曲으로 合彈古調에 無不克諧具音ᄒᆞ니 是以로 紅之名이 鳴于一世로ᄃᆡ 但無意求配ᄒᆞ야 兀然

獨居ᄒᆞ니 世之風韻才子ㅣ 多景仰之러라

——一鶴散人, 『一捻紅』(제3회), 『大韓日報』, 1906.1.30

'일념홍'이 동경하는 바깥세상은 국내가 아닐 터 작가의 의도는 매우 분명하다. '이정'을 만나 사랑을 나누고 또 대관大官을 만나 수난을 겪는 이 모든 과정은 오로지 '일념홍'을 해외로 이동시키기 위해서이다. 즉 서사공간을 해외로 확장하기 위해서인데 이를 위해 조력자를 주한일본공사로 설정하였다. 주한일본공사를 만난 '일념홍'은 '이정'의 옥사가 해결되지도 않은 상황에서 서둘러 일본으로 건너간다. 그리고 또 다른 조력자인 '상술자相術者'를 주한일본공사한테 보내 '이정'을 구출하게 함과 동시에 일본으로 데려오게 한다. 다시 말하면 해외로 공간을 이동하는 것이 더 중요하다는 뜻이다.

이와 비슷한 공간 이동은 5개월 후 『만세보』에 연재된 이인직의 『혈의누』에서도 등장한다. 청일전쟁의 난리 통에 가족과 헤어진 '김관일'은 내외 금슬이 매우 좋고 '옥년'을 끔찍이 사랑하지만 처자만 구구히 생각하면 나라의 큰일을 못한다고 생각하고 미국 유학을 떠난다.[2] 이인직은 '김관일'의 자각 또는 갑작스런 발상 전환으로 공간 이동을 실현한 셈이다. 두 소설을 비교할 때 '일념홍'이 주한일본공사의 도움으로 공간을 이동하는 것이 훨씬 자연스럽고 현실적일 수도 있다. '김관일'의 딸

2 "우리ᄂᆡ외금슬이 유명이돗튼ᄉᆞᄅᆞᆷ이오 옥년이를 남달으게 귀ᄋᆡᄒᆞ던ᄌᆞ경이라 그러ᄒᆞᄂᆞ 셰상에뜻이잇ᄂᆞᆫ 남ᄌᆞ되야쳐ᄌᆞ만구구히ᄉᆡᆼ각ᄒᆞ면 ᄂᆞ라의큰일을못ᄒᆞᄂᆞᆫ지라 ᄂᆞᄂᆞᆫ이길로 쳔하각국을단이면셔 남의ᄂᆞ라구경도ᄒᆞ고ᄂᆡ공부잘ᄒᆞᆫ후에 ᄂᆡᄂᆞ라ᄉᆞ업을ᄒᆞᆯ이라ᄒᆞ고발기를기다려셔 평양을ᄯᅥ나가니그발길가ᄂᆞᆫᄃᆡᄂᆞᆫ 만리ᄐᆞ국이라".(菊初, 『血의淚』(六), 『萬歲報』, 1906.7.28)

'옥년'도 일본 군의관의 도움으로 일본에 가기 때문이다. 다만 '옥년'은 일곱 살의 어린 나이에 출국하여 전통 윤리의식이 결여된 상태에서 개화하게 되지만 '일념홍'은 금을 배우는 과정으로 통해 동양의 전통 윤리 의식으로 무장한 후에 개화한다. 즉 작가는 '일념홍'을 전통과 근대를 모두 아우르는 이상형으로 부각하고 있다.

그밖에도 작가는 남녀 주인공이 재회하는 장소를 근대적 공간인 항구로 설정하였는데 그 자체가 매우 상징적 의미를 갖고 있다.

> 且說紅娘이 聞得李郎入日本ᄒᆞ고 □期歡迎于埠頭일ᄉᆡ 拂着洋服ᄒᆞ고 悄立岩石上ᄒᆞ야 凝眄海天ᄒᆞ니 □政春三月이라 櫻花滿山ᄒᆞ고 柳□拂橋라 而已從漠漠海雲中ᄒᆞ야 □亮得一聲瀛笛이 出於雲霄間이□ 及泊海岸에 紅娘이 迎着李郎ᄒᆞ□見其再生ᄒᆞ고 欣天歡地오 兼之□里殊域에 握手叙情ᄒᆞ니 情山恩□가 若有不可量者라
>
> ——一鶴散人, 『一捻紅』(제11회), 『大韓日報』, 1906.2.13

'일념홍'은 '이정'이 일본으로 들어온다는 소식을 접하고 양복을 입고 부두로 마중 나간다. 춘삼월이라 벚꽃이 만발한 가운데 뱃고동 소리가 귀청을 찢는다. '일념홍'은 이역만리에서 '이정'을 만나 악수를 하면서 이별의 정을 나눈다. 한문체소설 『일념홍』을 『혈의누』보다 6개월 정도 앞선 최초의 신소설로 평가하는 이유도 여기에 있다. '일념홍'은 동경東京에서 여학교를 다니고 '이정'은 사관학교를 다닌다. 작가는 여기에서 그치지 않고 '일념홍'을 더욱 넓은 공간에 배치하는데 영국 유학이다. '일념홍'은 영국에서 대학교를 속성으로 졸업하고 베를린, 파리 등

세계 여러 나라를 유람하면서 더욱 넓은 세상과 문명을 접하고 선구자로서의 여러가지 자질과 인식을 갖춘다. 한편 작가는 '이정'을 러일전쟁의 현장에 보내 공을 세우게 하며, 학업을 마친 '일념홍'과 공을 세운 '이정'을 원래 공간으로 복귀[3]시킨다. 국내에서 '이정'은 벼슬에 뜻이 없어 은행, 학교, 도서관, 병원을 설립하고 잡지를 발행하는 등 문명개화에 최선을 다한다. '일념홍'도 남녀의 동등한 권리와 동등한 사업을 주장하며 부인회를 조직하고 여자학교를 설립하며, 잠업회사와 방적소를 차려 스스로 학교의 경비를 마련한다.[4] 이처럼 소설에서 공간 분할은 단순하면서도 우선순위가 분명하다.

그렇다면 방대한 분량을 자랑하는 『여영웅』을 살펴보기로 한다. 『여

---

3 "李郎이 既得海軍大學校卒業狀ᄒᆞ고 方要回國ᄒᆞ야 以擴張海軍之目的으로 深作胸筭이러니 際値日俄開仗之日ᄒᆞ야 李郎이 請願于海軍君令部ᄒᆞ야 情愿從軍ᄒᆞ고 又司令長官에 請願ᄒᆞ야 特命付之于旅順閉塞隊어ᄂᆞᆯ 李郎이 大喜ᄒᆞ야 及其出軍에 隷屬于東鄕大將麾下ᄒᆞ야 每出戰이 奮力當先ᄒᆞ야 第一成功于閉塞ᄒᆞ며 又第二成功于松樹山陸戰ᄒᆞ며 第三成功于二百三高地占領時ᄒᆞ니 李郎之勇略이 鳴于三軍이러라 日本軍이 大捷班師일ᄉᆡ 大加賞讚ᄒᆞ시고 特敍勳旭日章ᄒᆞ시니 李郎이 乞還故國ᄒᆞᆫᄃᆡ 光榮與聲譽가 聳動兩國이러라 且說紅娘이 卒業於女學校ᄒᆞ고 送李郎赴戰於旅順일ᄉᆡ 殷勤惜別ᄒᆞ야 囑其成功ᄒᆞ고 乃整理裝束ᄒᆞ야 搭乘瀛船ᄒᆞ고 航入于大英國ᄒᆞ야 登學于大學校ᄒᆞ야 纔過二期에 得速成科卒業狀ᄒᆞ고 乃遊覽于伯林首府及巴里京城ᄒᆞ며 將向華盛敦일ᄉᆡ 到處紳士及婦人이 乃催歡迎會ᄒᆞ고 祝賀韓國婦人之吸取文明空氣ᄒᆞ야 握手接吻이 不知其幾千回러라 一日에 接得一郵函ᄒᆞ니 乃李郎在日本東京ᄒᆞ야 將向故國일ᄉᆡ 約期共還ᄒᆞ니 乃明治三十八年秋九月望間이라".(一鶴散人, 『一捻紅』(제12회), 『大韓日報』, 1906.2.14)

4 "李郎이 無意仕宦ᄒᆞ고 從事實業ᄒᆞ야 大捐家貲ᄒᆞ야 設私立銀行ᄒᆞ야 以通金融ᄒᆞ며 設私立學校ᄒᆞ야 以施教育ᄒᆞ며 設東洋圖書館ᄒᆞ야 收聚萬國文明之書籍ᄒᆞ야 以廣學問ᄒᆞ며 設私立病院ᄒᆞ야 以救疾病夭札ᄒᆞ며 設活版所ᄒᆞ고 刊行雜誌ᄒᆞ야 以警開明之目的ᄒᆞ며 設東亞俱樂部ᄒᆞ야 以廣交濟ᄒᆞ며 選靑年子弟三百人ᄒᆞ야 派送日英美三國ᄒᆞ야 使之留學各種學問而擔當其學費ᄒᆞ니 凡諸般事業之實行이 日進步武ᄒᆞ야 大有實効ᄒᆞ니 皆是紅娘之贊助也러라 一日에 紅娘이 笑謂李郎曰男女가 既有同等之權利ᄒᆞ니 豈可無同等之事業이리오ᄒᆞ고 乃大設婦人會ᄒᆞ야 募集內外國高等教育的婦人數百員ᄒᆞ니 衆婦人이 推紅娘爲會長이어ᄂᆞᆯ 又設女學校ᄒᆞ고 募集靑年婦人千餘人ᄒᆞ야 熱心教育ᄒᆞ며 設蠶業會社ᄒᆞ며 設紡績所ᄒᆞ야 種桑養蚕ᄒᆞ며 植棉紡絲ᄒᆞ야 歲收十萬元利益金ᄒᆞ야 以備女學校之經費ᄒᆞ니 不出數年之間에 女子學問이 冠于東洋이라"(一鶴散人, 『一捻紅』(제14회), 『大韓日報』, 1906.2.16)

〈도표 15〉 '이형경'의 영웅행적에 따른 공간 분할

연재횟수	공간	영웅행적	결과
7회분 (제3회 속1～속7)	南京	周王 반란 평정	① 여영웅 忠烈荊州國夫人 胡芳春 탄생함. ② 기존 질서 수호함.
11회분 (제3회 속7. 제4회～제4회 속9)	南蠻	南蠻 평정	① 여영웅 義烈夫人 石虎子 탄생함. ② 기존 질서 수호함.
10회분 (제5회 속25, 속26. 제6회 속1～속8)	西蕃	西蕃 정벌	① 여영웅 馬緯 탄생함. ② 기존 질서 수호함.
2회분 (제6회 속9, 속10)	關中	司馬傑 반란 평정	① 司馬傑 여성을 大元帥로 발탁한 조정에 불만을 품고 반란함, 따라서 반란 평정을 통해 여성 차별을 극복함.
3회분 (제7회 속11, 속12, 속13)	世界/薩摩伊島	尙書島國 건설	① 세계 문명을 순례함. ② '살마이도'를 尙書島國으로 건설함.
9회분 (제7회, 속14～속22,)	薩摩伊島	張沼 尙書島國 정벌	① 張沼의 공격을 물리치고 나라를 지킴. ② 기존 질서와 충돌함.
7회분 (제7회 속23～속29)	명나라	閩王世基 반란 평정	① 천자를 구하고 南越王에 봉해짐. ② 기존 질서에 편입됨.
1회분(제7회 속35)	薩摩伊島	尙書島國을 독립국가로 건설	① 독립국가로 인정받고 尙書島國을 阿蘭國으로 개명함. ② 島王에서 大君主가 됨.

영웅』의 서사적 공간 역시 크게 국내와 해외 두 개로 나눌 수 있지만 다른 소설에 비해 훨씬 복잡한 양상을 띠고 있다. 확인 가능한 116회 분량에서 여성 주인공 '이형경'의 영웅행적을 공간에 따라 정리하면 〈도표 15〉와 같다. 도표를 보더라도 『여영웅』의 서사적 공간은 『일념홍』처럼 단순하지 않다.

『일념홍』에서 국내 공간은 단순히 개화되지 않은 개조되어야 할 공간으로 인식되고 해외 공간은 선망의 공간으로 주인공들은 해외 진출을 통해 문명개화를 실현한다. 따라서 두 공간은 우선순위가 분명하기 때문에 갈등이 없고 물리적 충돌을 빚지 않는다. 하지만 『여영웅』은 『일념홍』 같은 한문체소설뿐만 아니라 이인직의 『혈의누』를 비롯한 동시대 여러 신소설과도 다른 양상을 보여주고 있는바 아래 자세하게 분석해 보기로 한다.

우선, 이인직의 『혈의누』를 비롯한 동시대 여러 신소설은 공간 설정을 문명개화와 직결된 문제로 보았다. 소설 속 주인공들은 국내 공간에서 수난을 겪고 해외 공간에서 개화인으로 거듭난다. 그로 인해 국내 공간은 졸지에 남만南蠻과도 같은 변방의 미개 공간으로 전락한다. 이인직이 『혈의누』에서 여성 주인공 '옥년'을 일곱 살의 어린 나이에 해외로 보냈다는 자체가 개화에 대한 일종의 '추종'이며, 기존의 윤리와 전통에 대한 전면 부정으로 볼 수 있다. 하지만 『여영웅』은 완전히 다른 입장을 보여주고 있다. 흔히 해외 진출(일례로 유학)을 통해서 개화인으로 성장한 주인공들과 달리 『여영웅』의 '이형경'은 국내에서 상당히 개화되어 있으며 명나라를 중심으로 하는 공간은 개화의 대상이 아니다. '이형경'은 8세에 스스로 남장을 할 정도로 여성의 사회적 지위를 자각하고 있으며 숙명적인 혼인을 한사코 거부함으로써 남녀평등을 주장한다. 뿐만 아니라 여성의 사회 진출 욕구를 강렬하게 표출하기도 한다. 질서의 중심에 있는 명나라 황제도 매우 개명한 사람으로 묘사하였는바 그는 근세에 여성 교육이 잘 이루어지지 않는 현실을 개탄한다.[5] 한걸음 더 나아가서 '이형경'이 남만을 평정하면서 만난 '석호자石虎子'조차 국민의 의무를 다하는 애국심 있는 여성상이다.

5 "上이 慰之曰卿은 眞個女英雄이로다 古之女尙ㅣ 爲帝王ᄒᆞ고 近之木蘭이 爲將軍ᄒᆞ니 女子之鍾出이 出勝於男子者ㅣ 盖亦多矣로되 女子之敎育이 近世無之ᄒᆞ야 不能作成人材ᄒᆞ야 爲公爲卿而輔弼邦國ᄒᆞ고 禁錮於閨門之內ᄒᆞ야 無是無非오 唯酒食是儀ᄒᆞ니 所以與男子로 無平等之權能者ᄂᆞᆫ 朕甚痛之ᄒᆞ노라".(白雲山人, 『女英雄』(제6회 續13), 『大韓日報』, 1906.6.24)

石虎子聞之ᄒᆞ고 十分驚喜曰上仙淸誨가 有若披雲霧而見靑天ᄒᆞ니 不勝欣豁이라ᄒᆞ고 又問曰吾人은 南蠻國民也라 以國民義務로도 當此時局缺裂之日ᄒᆞ야 國有大兵에 不可無愛國誠이온 況家夫가 以大元帥로 率兵赴敵이라가 不幸殉身ᄒᆞ니 公而大義를 未伸ᄒᆞ고 私而大讐를 未復ᄒᆞ니 生在人間ᄒᆞ이 沸動熱血이라 (…중략…) 石虎子ㅣ 仰天長嘆曰我爲仙娘이 所誤ᄒᆞ야 大失軍機하야 使國王而狼貝者ᄂᆞᆫ 不忠也오 使貔王而困窘者ᄂᆞᆫ 不義也오 借兵而不踐約이면 不信也니 有此三過에 以何面目으로 生於世乎리오ᄒᆞ고 遂拔劍自刎而死ᄒᆞ니 前後英勇이 無愧天地ᄒᆞ고 無怍鬼神ᄒᆞ니 可謂千古英雄이러라

— 白雲山人, 『女英雄』(제4회 續9), 『大韓日報』, 1906.5.6

남만은 『삼국지』에서 제갈량諸葛亮이 맹획孟獲을 일곱 번 잡고 일곱 번 놓아주면서 평정할 정도로 미개한 사회의 대명사이다. 하지만 '이형경'은 남만에서 유교적 충신忠信과 의義의 전범인 여성영웅 '석호자'를 만나 고전한다. '선랑仙娘'의 도움으로 남만을 평정하기는 하지만 '석호자'는 스스로 불충, 불의, 불신 3가지 잘못을 저질렀다고 자결한다. 작가는 다양한 여성영웅을 만들기 위해 '석호자'를 창조하기는 하였지만 은연중에 남만조차 개화의 대상이 아니라는 사실을 드러낸다. 따라서 소설에서 '이형경'의 해외 진출은 개화와는 거리가 멀며 개화 대상도 '살마이도薩摩伊島'라는 미개의 섬으로 설정되었다.

다음, 『여영웅』은 중국을 무대로 전개하면서 질서의 중심을 명나라로 잡고 '이형경'도 그 질서에 편입되어 있다. '이형경'이 지향하는 바도 세상의 풍교風敎를 바로잡고 성군聖君의 3대 통치를 이어가는 데 있다.[6] 다시 말하면 '이형경'의 최종 목표는 명나라를 왕도王道정치를 바탕으로

하는 이상국가로 건설하는 데 있다고 볼 수 있다. '이형경'이 기존 질서와 갈등하는 부분은 주로 여성의 불평등한 사회적 지위와 사회 진출이 어렵다는 점에 있다. 따라서 부득이하게 해외로 진출하지만 해외에서 저자세로 근대 문명을 받아들인다기보다는 객관적인 입장에서 근대 문명을 비판한다.

> 四海五嶽이 森羅目中이라 固不足以盪其胸襟이라ᄒᆞ야 東渡朝鮮ᄒᆞ니 衣冠文物이 足以侔中華오 直向日本ᄒᆞ니 山川人物이 足以名東洋이라 沿海至緬甸暹羅安南西藏新疆青海波斯土耳其等諸國ᄒᆞ야 采其風氣ᄒᆞ고 入于五印度ᄒᆞ야 遊歷數年에 嘆曰東亞風景이不過이 是一撮塵이라 當遍遊環球ᄒᆞ야 以壯心目이라ᄒᆞ고 搭乘瀛船ᄒᆞ고 發印度洋ᄒᆞ야 至于歐州ᄒᆞ니 大陸이 蒼蒼ᄒᆞ고 風氣大闢이어ᄂᆞᆯ 歷覽英法德義葡萄牙白義耳諸國ᄒᆞ고 至南阿米里加ᄒᆞ야 嘆紅黑人種未開之氣像ᄒᆞ고 至北阿美里加ᄒᆞ니 伊時華盛頓이 熟心合衆ᄒᆞ야 克復獨立之時代也라 喟然嘆曰大丈夫ㅣ當如此矣라ᄒᆞ고
>
> ― 白雲山人, 『女英雄』(제7회 續11), 『大韓日報』, 1906.7.19

'이형경'은 우선 조선의 문물은 가히 중국과 어깨를 나란히 할 수 있고 일본의 문명은 동양에서 으뜸이라고 하면서도 동양의 문명은 한줌의

6 "御史ㅣ 出班奏曰 □은 聞人倫이 有五에 夫婦居中이□ 自古聖帝明王之治天下에 必□正五倫之敎ᄒᆞ야 無貴無賤히 盡知男女居室之大倫이어ᄂᆞᆯ 至於我朝ᄒᆞ야 綱紀悉張而唯一王世忠이 恣横國舅之勢ᄒᆞ고 任肆强暴之毒ᄒᆞ야 劫奪士人劉晏之妻耿氏於白日之下ᄒᆞ니 臣이 以事出外□가 目□其變ᄒᆞ니 傷風敗俗이 莫此爲甚ᄒᆞ기로 臣이 先付家丁於巡獄ᄒᆞ니 伏唯陛下ᄂᆞᆫ 垂察焉ᄒᆞ소셔 昔者薄昭ㅣ 以皇帝之舅로 殺國家之使而致今自死ᄒᆞ야 前漢이 以之興隆ᄒᆞ고 竇憲이 以皇后之兄으로 奪公主之園而不能正其罪ᄒᆞ니 後漢이 以之傾頽라 須以前代興亡으로 爲鑑□ᄒᆞ야 聲罪世忠ᄒᆞ샤 付之法司ᄒᆞ야 以杜外戚專恣之□ᄒᆞ샤 以勵聖明風化之敎則三代之治를 指日可□矣리이다".(白雲山人, 『女英雄』(제2회 續2), 『大韓日報』, 1906.4.11)

티끌에 불과하다고 비판하였다. 유럽까지 둘러보고 북아메리카에 이르러서야 '이형경'은 자신이 찾던 이상적인 모델을 만나게 되는데 다름 아닌 미국의 독립전쟁을 성공적으로 이끈 워싱턴[7]이다. '이형경'은 그길로 미개의 섬인 '살마이도'에 들어가서 자신의 뜻을 펼친다. 하지만 '상서도국'을 세우고 나서 명나라와 충돌할 때 천자가 몸소 정벌한다는 소식에 스스로 몸을 결박하고 죄를 청하려고 했으며, 그 과정에 민왕閩王의 난亂이 일어나 위기에 빠진 천자를 구해주고 천자에 의해 '남월왕南越王'에 봉해짐으로써[8] 명나라 질서에 편입된다.

그렇다면 '살마이도'라는 공간이 갖는 상징적 의미는 무엇인지, 작가는 무엇 때문에 미개 사회를 해외에 두었는지, 또 왕도정치를 지향하는 여성 주인공이 '살마이도'에서 문명개화를 진행하는 이유는 무엇인지에 대해 꼼꼼히 살펴볼 필요가 있다. 작가는 일단 '살마이도'가 실제로 존재하는 공간임을 강조하기 위해 지리적으로 상세하게 설명하고 있다.

乃入薩摩伊島ᄒᆞ니 是島ᄂᆞᆫ 在於歐亞之間印度洋緯線一百四十八度라 地方面積이

7 梁啓超가 주필을 담당한 『時務報』에는 조지 워싱턴의 전기인 「華盛頓傳」이 잡지 창간일인 1896년 8월 9일부터 11월 15일까지 연재됨. 이해조가 譯述한 「華盛頓傳」은 1908년 4월 匯東書館에서 단행본으로 출판됨.

8 "島主ㅣ 聞天子親征尙書島國ᄒᆞ시고 十分惶蹙ᄒᆞ야 意謂自縛而請罪于大本營이라ᄒᆞ얏더니 忽聞閩亂이 大作ᄒᆞ야 天子ㅣ 率百萬之師ᄒᆞ고 親征민王이라가 大敗王師ᄒᆞ고 千里席捲에 無一人抵敵者ᄒᆞ야 明國運命이 迫在朝夕이라 島王은 滿腔忠心이 憂國憂君ᄒᆞ야 耿耿不忘于本國이러니 探聞王家ㅣ 益急ᄒᆞ고 卽發輕快戰艦ᄒᆞ야 率舟師萬人ᄒᆞ고 載大砲百門ᄒᆞ야 從海門入ᄒᆞ야 直至于楊子江岸ᄒᆞ니 (…중략…) 天子ㅣ 覽表ᄒᆞ시고 卽召李炯卿ᄒᆞ시니 李炯卿이 駐剳船師于九江ᄒᆞ고 乃率健將十員ᄒᆞ고 從旱路ᄒᆞ야 入朝于天子ᄒᆞᆫᄃᆡ 天子ㅣ 率百官ᄒᆞ시고 握手勞問曰卿以是家柱石之臣으로 有再造宗社之勳勞ᄒᆞ니 짐當拜卿ᄒᆞ야 爲南越王ᄒᆞ노니 민王領土을 并爲管轄ᄒᆞ고 歸于本國ᄒᆞ야 共享太平之福을 區區是望ᄒᆞ노라".(白雲山人, 『女英雄』(제7회 續28), 『大韓日報』, 1906.8.8)

十餘萬方里오 土蠻人種이 數百萬이라 風氣未開ᄒᆞ고 敎化不行ᄒᆞ야 雖爲蠻族社會로ᄃᆡ 物産이 足以興商況이오 風土가 足以開文明이라ᄒᆞ야

— 白雲山人, 『女英雄』(제7회 續11), 『大韓日報』, 1906.7.19

작가는 '살마이도'는 유럽과 아시아 사이 인도양 위선緯線 148도에 위치하고 면적은 10여만 방리方里, 인구는 수백만 명이라고 소개하면서 독자들에게 섬의 실재를 각인시켜 주고 있다. 주목할 부분은 다음 대목인데 작가는 이곳이 풍기風氣가 미개未開하고 교화敎化가 불행不行하며, 물산物産은 가히 상업을 발전시킬 수 있어 문명을 열 수 있다고 쓰고 있다. 풍기가 미개하고 교화가 불행하다는 것은 유교儒敎식 교화, 다시 말하면 중세적 질서가 세워지지 않았음을 의미하고 물산이 풍부해 문명을 열 수 있다는 것은 근대적 질서를 세울 수 있는 가능성을 의미한다. 이는 유교식 교화가 우선이라는 뜻도 되는데 중세적 질서를 바탕으로 서양 문명을 점진적으로 받아들이자는 동도서기론東道西器論과 일맥상통한다. 따라서 '이형경'이 '살마이도'에서 가장 먼저 하는 일은 매일 연설로 개명주의開明主義를 가르치는 일이다.[9] 1년 동안 도민島民의 마음을 잡고 족장으로 추대된 후 근대적 개혁[10]을 추진하는데 다음과 같은 내용이 포함된다.

---

9 "仍以居焉ᄒᆞ고 結合民衆ᄒᆞ야 日以演說ᄒᆞ야 敎之以開明主義ᄒᆞ니 民族이 闇昧ᄒᆞ야 有欲謀殺者ᄒᆞ며 有欲斥逐者ᄒᆞ며 或有服從者어ᄂᆞᆯ 居之一年에 諄諄敎諭ᄒᆞ야 人心이 漸漬ᄒᆞ야 頗有歡悅這氣色ᄒᆞ야 衆人이 推之爲部落長이라".(白雲山人, 『女英雄』(제7회 續11), 『大韓日報』, 1906.7.19)

10 "內簡選其聰明俊秀者二百人ᄒᆞ야 游學于大不列顚일ᄉᆡ 李尙書ㅣ 鳩聚資金ᄒᆞ야 率入英國ᄒᆞ야 敎之以農商工業ᄒᆞ야 三四年間에 其業이 乃卒이라 歸于同島ᄒᆞ야 設各般工場ᄒᆞ고 製造物品ᄒᆞ니 一年之間에 出口品爲四百餘種이오 收入金이 乃至七千餘圓이라 乃設學校百餘區ᄒᆞ야 養成數千人ᄒᆞ니 金融이 興旺ᄒᆞ고 百務擴張이라 又選靑年子弟數千人ᄒᆞ야 派送于文明列邦ᄒᆞ야 入于普通學校ᄒᆞ야 十餘年間에 卒業于政治理化法律等專門學校ᄒᆞ야 歸于本島ᄒᆞ야

① 유학생을 파견해 농상공업 등 실업을 배운 것.

② 공장을 설립하고 대외무역을 진행한 것.

③ 정치, 이공, 화학, 법률 등 전문학교를 설립한 것.

④ 서구식 선거제도를 도입하여 중의원衆議院 등을 설립한 것.

⑤ 현대식 육해군陸海軍을 발전시켜 국방을 강화한 것.

⑥ 국민을 대상으로 평등하게 세금을 징수한 것.

⑦ 만국의 인정을 받는 독립국가로 외교를 진행한 것.

10여 년의 노력을 거쳐 '이형경'은 마침내 '살마이도'에서 '아란국阿蘭國'이라는 부국강병의 근대국가를 건설하게 되는데 '살마이도'는 결국 유교적 근대화를 구현한 공간인 셈이다. 제1장에서 밝혔다시피 1906년도는 양심적인 한국인들이 기울어져 가는 국운을 만회하기 위해 필사적인 노력을 기울인 한 해이다. 『대한일보』가 비록 친일신문이라고 하지만 『여영웅』에서 '살마이도'라는 공간을 개척한 것은 결국 한국의 현실적인 위기를 극복하는 대안을 제시하기 위한 것으로 볼 수 있다.

大設學校ᄒᆞ고 養成全國子弟ᄒᆞ니 文名이 大進이라 於是에 選代議士ᄒᆞ야 設衆議院ᄒᆞ고 立於演壇ᄒᆞ야 (…중략…) 陸軍은 四萬이니 分爲八師團ᄒᆞ고 海軍은 二萬이오 艦隊ᄂᆞᆫ 爲二隊ᄒᆞ니 戰鬪艦이 八雙이오 驅逐艦이 五十餘隻이어 水雷艇이 三百餘오 運送船이 五百餘隻이니 海陸之權이 足以禦侮오 農商工藝部ᄂᆞᆫ 實業學校가 七百餘所오 實業試驗場이 六百餘所오 實業會社가 一千五百餘니 一歲出口物이 合爲九千萬圓이오 土地稅가 輕於物品稅ᄒᆞ니 統額歲入이 爲四千萬圓이오 人口稅가 平等每人口爲二圓餘오 流行金融額이오 原位金貨가 一億萬元이니 其教育之盛과 殖産之隆과 國防之嚴과 財賦之富가 大略如是焉이러라 由是此島가 表彰於世界ᄒᆞ야 列邦이 多遣使通欸일ᄉᆡ 島雖廣大ᄂᆞᆫ 只有一島長而已라 其名稱이 不相敵이라 乃以君主로 爲萬國認許ᄒᆞ야 爲自主獨立國ᄒᆞ니 外交가 自此始焉이라".(白雲山人, 『女英雄』(제7회, 續11・續12), 『大韓日報』, 1906.7.19~20)

한편 '살마이도'는 현실성이 강한 역사 재연의 현장이 되는데 『홍길동전』에서 등장하는 '율도국'과 차별되는 부분이다. 작가는 여성 주인공 '이형경'의 행적을 역사를 쓰듯이 기술하였으며, 구체적인 모델은 분명하지 않지만 '아란국'을 서구식 문명을 달성한 근대국가의 축소판으로 만들었다. 소설에서 또 여성 주인공 '이형경'의 모든 행적이 19세기 이전에 발생[11]하였다고 하면서 역사적 사실임을 거듭 강조하고 있다.

일례로 '이형경'의 '아란국'과 명나라가 물리적 충돌을 빚는 장면을 보기로 한다.

> 島王이 聞得右部都督張之消息ᄒᆞ고 呵呵大笑曰張紹也라 可謂天下痴男兒也로다 渠以我不嫁之嫌으로 欺罔天聰ᄒᆞ고 萬里提兵ᄒᆞ야 深入於必死之地ᄒᆞ니 還是可憐送死的性命이로다 乃命參謀本部로 會議拒守之策ᄒᆞ라ᄒᆞᆫᄃᆡ 自參謀部開議曰彼以木艦으로 携若干之疲勞兵ᄒᆞ고 犯入要塞之地ᄒᆞ니 不過以大砲一門으로 盪剿於一瞬之間이라 有何難哉리오 (…중략…) 大明帝國右部都督張沼가 率三千餘騎ᄒᆞ고 奉天子命ᄒᆞ야 拔尙書島ᄒᆞ노라 質問以告ᄒᆞᆫᄃᆡ 島王이 曰不爲交火ᄒᆞ고 發驅逐艇十隻ᄒᆞ야 驅入張艦於左軍港ᄒᆞ고 令要塞隊守之ᄒᆞ야 守之一個月이면 必枯死於港中矣리라 乃奉其令ᄒᆞ고 率驅逐艇十隻ᄒᆞ고 乘湖水大漲時ᄒᆞ야 從左翼放砲ᄒᆞ니 張艦將卒이 忽聞雷霆이 自天上至라 大喫驚慌ᄒᆞ야 罔知所措어ᄂᆞᆫ 張都督이 按劍在手曰未及一交戰에 纔聞一砲聲而落膽喪魂耶아 於焉間錯纏이 已斷ᄒᆞ고 船舳이 俱勒ᄒᆞ야 一瞬間에 已入於左軍港矣라 張都督이 怪之ᄒᆞ야 見從數十船隻이 散在

11 "世界列邦이 命名以尙書島國이라ᄒᆞ고 以李尙書로 陞爲尙書島國王ᄒᆞ야 標準以獨立名義ᄒᆞ야 派送領事ᄒᆞ야 交涉通商事務ᄒᆞ니 李尙書ㅣ 不得辭免ᄒᆞ야 稱爲島王이라ᄒᆞ니 事在十九世紀以前이러라".(白雲山人, 『女英雄』(제7회 續13), 『大韓日報』, 1906.7.21)

各處ᄒᆞ야 泛泛如散萍而陷入於港灣之中ᄒᆞ고 外以鐵甲砲艦이 環若長城ᄒᆞ야 橫亘港口ᄒᆞ니 所謂入於虎口之中矣러라

—白雲山人, 『女英雄』(제7회 續16), 『大韓日報』, 1906.7.25

대명제국 우군도독 '장소'는 '이형경'이 외딴섬에서 나라를 세웠다는 소식을 접하고 천자에게 상소하여 군사 10만 명을 거느리고 '상서도국'을 정벌하러 나선다. 그중에 맹장猛將은 20명, 철기鐵騎는 3,000명으로 기세가 하늘을 찌른다. 하지만 '이형경'은 '장소'의 공격을 물리치는 데 대포 1문이면 충분하다고 한다. 예상대로 '장소'의 목함木艦은 '이형경'의 구축함驅逐艇을 만나 순식간에 무너진다. 서양의 '기器'의 우월성을 강조하는 대목이지만 한편으로는 근대 서구 열강의 아시아 침략 역사를 상기시켜 경계하게 만들기도 한다. 재미있는 점은 궁지에 몰린 '장소'가 신인神人의 도움으로 맹렬한 포격에도 안전하게 탈출[12]하는 데 있다. 즉 작가는 서양의 '기'를 주장하면서도 왕도의 신성불가침을 강조하고 있다.

결론적으로 『여영웅』의 서사공간은 개화를 기준으로 하는 단순한 공간분할이 아니며, '살마이도'라는 제3의 공간을 개척함으로써 기존 질서의 근대화를 모색하고 있다.

---

12 "韋太娘이 大驚曰奈何오 寮兄은 先歸于國ᄒᆞ야 報道此般光景ᄒᆞ라 吾當救護張公ᄒᆞ리라ᄒᆞ고 急急駕鶴而行ᄒᆞ야 盤于海上이러니 海軍尉ㅣ 率水雷艇隊ᄒᆞ고 準備砲火러니 一門天掀地撼的聲響이 轟震了鯨波中이어ᄂᆞᆯ 張附馬舟中人이 皆知粉身糜骨ᄒᆞ며 島國人이 亦知了海上獻船이 一時飛灰也似消滅矣러니 果有神出鬼沒的奇怪事ᄂᆞᆯ 更誰得料出來也리오 硝烟이 漲天ᄒᆞ고 砲雷撼海로ᄃᆡ 那張附馬的所率船隻이 完全無損ᄒᆞ고 泛泛於蒼波之上이어ᄂᆞᆯ 海軍艦隊가 不覺怪疑ᄒᆞ야 一連百餘發에 張船이 一直安寧이라 知爲神明所助ᄒᆞ야 乃止發放ᄒᆞ니".(白雲山人, 『女英雄』(제7회, 續18·續19), 『大韓日報』, 1906.7.27~28)

2. 서사적 시간에 대한 인식

천핑위안陳平原[13]은 『中國小說模式的轉變』(1988)에서 러시아형식주의, 세이모어 채트먼Seymour Chatman, 제라르 주네트Gérard Genette, 츠베탕 토도로프Tzvetan Todorov 등의 서사학 이론을 바탕으로 20세기 초 중국소설 서사양식의 변천을 주로 서사시간敍事時間, 서사시점敍事角度, 서사구조敍事結構 3가지 측면에서 분석하였다. 그중 서사시간에 있어서 전통소설은 주로 자연의 시순時順에 따르는 연관서술連貫敍述을 사용하였지만 근대에 와서 외국소설 형식의 적극적인 수용과 전통문학 형식의 창조적 전환이 이루어짐에 따라 연관서술과 함께 도치서술(시간순서의 倒置)이나 교차서술(다른 時空의 交叉敍述) 등의 다양한 서술시간이 등장하였다고 하였다.

이재선[14]은 「서사 시간의 근대소설적 전환」(1998)에서 E. 렘메르트, G. 주네트, S. 채트먼 등의 서사학 이론을 토대로 한국소설의 서사시간을 해독하려고 하였는바, 전근대와 근(현)대 사이에 드는 신소설의 서사시간 변화 양상을 전통소설과 비교하여 다음과 같은 결론을 도출하였다.

---

13 1954년 광둥성廣東省 차오저우潮州 출생, 중산中山대 졸업, 동대학원에서 문학석사 학위, 베이징대에서 문학박사 학위 취득. 베이징대 중문과 학과장, 베이징대 20세기중국문화연구센터 센터장, 중국통속문학학회 회장 역임. 현재 베이징대학교 교수, 중국교육부 '창장長江학자' 특별 초빙 교수. 주요 저서로 『中國小說敍事模式的轉變』(1988), 『二十世紀中國小說史』(1989), 『千古文人俠客夢—武俠小說類型硏究』(1992), 『小說史－理論與實踐』(1993), 『文學的周邊』(2004), 『中國散文小說史』(2010) 등.

14 이재선, 「서사 시간의 근대소설적 전환」, 『人文硏究論集』 26, 서강대 인문과학연구소, 1998 참고.

첫째, 전통(전근대, 1900년을 기준함)소설의 서사의 시작 내지 발단양식은 소설의 시작 4유형(처음부터ab ovo 시작하기, 가운데서in medias res 시작하기, 끝에서in ultimas res 시작하기 및 머리말Vorwort) 중 주로 'ab ovo'형 즉 처음부터 시작하기이며, 요약형의 시작이다. 신소설의 경우, 과거를 되살리는 인습적인 'ab ovo'형·요약형에서 장면 시작으로 대체되며 발단 시공이 전사로까지 멀리 미치지는 않으나 서사적 직선성은 고수된다.

둘째, 전통소설의 시간 단축은 계기적 단축이며, 그 가운데서도 도약적인 급행단축의 방법이다. 즉 '이야기된 시간'의 길이에 비해서 '이야기(하는) 시간'은 지나치게 짧다. 신소설의 경우, 역시 계기적인 단축이기는 하지만, 보행단축의 성격으로 바뀌고 있으며, 따라서 속도의 감속화 현상이 나타난다.

셋째, 전통소설의 서사적 예시방법은 표제의 예시성, 인물화의 전형화 및 고정화에 의한 제시, 서술자의 간단없는 개입과 논평, 꿈을 통한 예고와 가장, 미리 정해져 있는 운명적 예시 등으로 매우 다양하다. 신소설의 경우, 역시 적잖게 이런 전대 소설의 방법을 계승하고 있다. 신소설 자체가 지닌 예시방법으로서는 주제 암시적인 표출의 표제, 장절이나 회장의 서사 내용을 예시 함축하는 장절 표제, 신문연재소설로서 탄생한 형태에 어울리는 장절 전후에 시사된 연계link의 유인적인 말 등이다.

넷째, 서사적 역전 양상에 있어서, 전통소설은 시간의 순서順敍를 존중하며, 도서倒敍에 해당하는 역전 내지 소급 제시는 최소화되어 있다. 신소설의 경우 그 역전이 훨씬 증폭되는바, 특히 두드러지는 것이 탐정소설 구성이 지니고 있는 결과(끝)-원인(시작)의 전도원리에 근거하는 역전 또는 소급제시이다.

이재선의 「서사 시간의 근대소설적 전환」과 천핑위안의 『中國小說模式的轉變』은 서사시간 관련 연구에서 비슷한 결론을 도출하고 있는데 이는 필연적 결과이다. 하지만 한국의 경우, 그 대상은 국문으로 창작된 신소설에 대한 평가에 머물러 있다. 예를 들면 정선태는 전대소설의 경우 스토리 시간과 플롯시간이 일치하여 자연적 시간이 그대로 텍스트에 작용되는바 한국문학에 있어 신소설은 이러한 닫힌 구조에서 벗어나 열린 구조를 모색하는 최초의 서사양식이라고 할 수 있다거나,[15] 전광용은 최찬식 신소설의 가장 특징적인 것 중에 하나는 착오순서 수법 같은 시간구성이라고 하면서 이 땅의 소설 창작 면에서는 하나의 전진이라고 하는[16] 등이 대표적 사례이다.

이러한 선행연구를 바탕으로 아래 1906년도 신문연재 한문체소설의 서사적 시간과 서사적 시간에 대한 작가의 인식을 살펴보기로 한다. 우선 『신단공안』의 여러 작품부터 살펴본다.

『신단공안』의 서사적 시간을 고찰하기에 앞서 『황성신문』의 주필을 담당한 장지연의 다음 논설을 주목할 필요가 있다.

> 古者에 稗官野史가 有ᄒᆞ야 作史ᄒᆞᄂᆞᆫ者 或取之러니 今에 變爲新聞ᄒᆞ니 其法이 盖肇 自英伊ᄒᆞ야 近世에 盛行各邦ᄒᆞ니 是亦史之流也라 其體有二ᄒᆞ니 一曰論說이오 二曰 雜報니 論說이란 者는 史家의 評論ᄒᆞᄂᆞᆫ體요 雜報란 者는 史家의 記事

---

15 정선태, 「신소설의 서사론적 연구-이인직 소설을 중심으로」, 서울대 석사논문, 1994, 32쪽.

16 전광용, 「최찬식 연구」, 『신소설 연구』, 새문사, 1986, 277~278쪽.

〈도표 16〉『神斷公案』의 서사적 시간

		시간적 배경	서사적 시간	양상
제1화	美人竟拚一命 貞男誓不再娶 (6회)	肅宗大王卽位十六年 (1690)	是夜(그날 저녁)/次日早飯後/是時(마침)/當日/今夜/是夜/殆將半年有餘/後二年/	시간적 순서에 따라 사건 전개함.
제2화	老大郎君遊學 慈悲觀音托夢 (12회)	正宗朝御極八載 (1784)	旣經三年(3년이 지나자)/期以十年讀書(10년을 기약하고)/一日(하루는)/凡三日夜를 不能成寐/是時/一夜ᄂᆞᆫ/當日/後에/	플롯을 추가하면서 시간적 단축도 함께 이루어지고 있는데 대화묘사를 추가함으로써 서사시간은 신장적인 서사성(이재선)을 지님.
제3화	慈母泣斷孝女頭 惡僧難逃明官手 (16회)	純祖朝御極初載 (純祖 재위기간, 1800~1834)	一日/有頃에(조금 지나)/獨出門外ᄒᆞ야 往來彷徨ᄒᆞ더니 有頃에 適有一少年過前者ᄒᆞ니/一日은/	장면묘사에 의한 시간적 지연이 발생함.
제4화	仁鴻變瑞鳳 浪士勝明官 (45회)	仁祖朝登極之初 (仁祖 재위기간, 1623~1649)	仁鴻이 年十七에 來遊京師라가 一夜ᄂᆞᆫ 乘月色淸明ᄒᆞ야 手携了一壺濁酒ᄒᆞ고 獨上南山之蚕頭라가 忽然大叫數聲ᄒᆞ고 發狂疾走에 數日不休ᄒᆞᆫ되 人皆以爲病狂也라ᄒᆞ더니 旣而오 無事라 自後로 往來江湖에 逍遙自得ᄒᆞ야 自號를 浪士라ᄒᆞ고 經年不返ᄒᆞ더니 未幾에 妻子凍餓ᄒᆞ야/仁鴻이 一口吸了ᄒᆞ고 曳杖出門ᄒᆞ니 時ᄂᆞᆫ 遲遲冬夜로되 夫嘲妻訕에 沉淹幾刻ᄒᆞ야 鷄已三鳴矣러라/該奴ᄂᆞᆫ 愈哀乞ᄒᆞ고 仁鴻은 愈怒喝ᄒᆞ야 兩不相捨에 直至了曉旭이 東昇이라/俄而오 經春經夏ᄒᆞ고 秋盡冬屆ᄒᆞ야 臘月이 三白에 便是十二月望年間이라 歲除不遠에 名節이 當頭ᄒᆞ야 鄕隣傭夫ᄂᆞᆫ 催索售價ᄒᆞ고 遠地行商은 取拾行裝ᄒᆞ니 歲暮旅人이 歸家正急이라/時ᄂᆞᆫ 六月天氣라 蒸炎이 如火ᄒᆞᆫ되/遂挈家遠走ᄒᆞ야 不知所終ᄒᆞ니라/	장면묘사에 의한 시간적 지연이 자주 이루어지고 있음.
제5화	妖經客說齋成奸 能獄吏具棺招供 (21회)	英祖大王在位年間 (英祖 재위기간, 1724~1776)	次日淸早/天明起來ᄒᆞ야/兩手로 亂敲小鍾ᄒᆞ다가 不覺一時停住ᄒᆞ고 默想良久에 以心問心ᄒᆞ더니/其日에/日晩回家/此時天色이 尙黑ᄒᆞ야/四五日後에/這日에/夜深後에/翌日에도/過了五日ᄒᆞ니/又過了一日ᄒᆞ더니/	장면묘사에 의한 시간적 지연이 발생함.
제6화	踐私約頑童逞凶 借神語明官捉奸 (20회)	本朝成廟朝時 (成宗 재위기간, 1457~1494)	那翠姐가 獨自無聊를 不堪ᄒᆞ야 兩履를 珊珊히 戞了ᄒᆞ고 門首에 凝立ᄒᆞ야 遠景을 眺望ᄒᆞ니 時維暮春이라 洛花ᄂᆞᆫ 風便을 隨ᄒᆞ야 四隣에 散亂ᄒᆞ고 飛鳥ᄂᆞᆫ 空中에 上下喈喈ᄒᆞ야 幽人을 解弄ᄒᆞ며 遊絲ᄂᆞᆫ 綠楊枝와 共히 裊裊然萬端情緖를 惹引ᄒᆞᄂᆞᆫ지라 翠姐가 不覺長吁道春아 爾寃殺我麽아ᄒᆞ고 口內納指에 呆呆了半向晌ᄒᆞ니 可謂柴門이 寂寂에 春懷가 渺渺라 臉如桃兮誰接이며 膚如脂兮誰撫며	장면묘사에 따른 시간적 지연과 함께 신장적인 특징을 지니고 있음.

		시간적 배경	서사적 시간	양상
			目瀅瀅兮誰睹며 手纖纖兮誰援가 晝思가 猶云如是커던 況乎良宵야 若乃一輪이 中天하고 四隣이 寂寥ᄒᆞᆫ듸 貯空庭兮花枝가 低亞ᄒᆞ고 步淸輝兮杜鵑이 悲鳴이라 吁嗟乎라 俯跡倩觀ᄒᆞ면 豈讓玉環之朶朶며 臨水自窺ᄒᆞ니 飛燕이 伊何人矣아 旣自顧而黯然ᄒᆞ니 懷美人兮安在오 暫將這般情曲ᄒᆞ야 姑且却過ᄒᆞ고 且說翠姐가 半向呆了타가 忽將黛首ᄒᆞ야 徐徐擡起ᄒᆞ며 重發了一吁道我가 入了罷어다ᄒᆞ고 遂欲移了軟步터니/	
제7화	癡生員驅家葬龍宮 孽奴兒倚樓驚惡夢 (70회)	哲宗朝末 (哲宗 재위 기간, 1849~1863)	一日은 方自鄕第로 上京ᄒᆞᆯ식 一馬一策에 魚福孫이 前御ᄒᆞ고 入城到了鐘路ᄒᆞ야 擬卽走訪舊日的舍館ᄒᆞ더니 驀然間回頭猛省ᄒᆞ니 却是該近地에 有一親友家하야 不可過門不入이오 亦不可舍館을 定然後에 往見이라 立馬躕躇을 良久ᄒᆞ다가/一日은/翌朝에/吳進士ㅣ 送了魚福孫ᄒᆞ고 猶然道咄咄怪事ᄒᆞ더니 瞥然見一個美人이 叫開了門ᄒᆞ고 輕輕步入來로다 下了長衣ᄒᆞ며 脫了唐鞋ᄒᆞ고 上了堂ᄒᆞ더니 低了雲鬢ᄒᆞ며 啓了朱脣ᄒᆞ고 近前道喪主가 日來에 安寧麽아 吳進士ㅣ 瞠然一視ᄒᆞ니 路上에도 不曾目擊的오 夢中에도 不曾接面的라 昨日的孝巾도 是咄咄怪事어니와 今日的美人도 又是咄咄怪事로다 那美人이 嬌笑道喪主가 頓忘了一枝紅麽아 吳進士ㅣ 兩臉이 乍紅ᄒᆞ더니 勃然道妖女아 一枝紅인지 二枝紅인지 我何由知得了爾名이리오 一枝紅이 不憤가 丁寧吳進士(今日吳進士ᄂᆞᆫ 是丁寧吳進士어니와 向日吳進士ᄂᆞᆫ 不是丁寧吳進士)로 忽然做生淸的語로다 忍住肚氣ᄒᆞ고 再近了前ᄒᆞ야 從容問道第三日前子正時에 身被了喪服ᄒᆞ며 頭戴了方笠ᄒᆞ고 密密地來叫門ᄒᆞ며 再道無高聲者가 是誰家喪主麽아 紅아 坐了膝ᄒᆞ라ᄒᆞ고 抱住了紅的腰ᄒᆞ던者가 是誰家喪主麽아 紅아 伸了手ᄒᆞ라ᄒᆞ고 把住了紅的手ᄒᆞ던者가 是誰家喪主麽아 我ᄂᆞᆫ 喪人之身이라 天明이면 怕人知라ᄒᆞ고 鷄一鳴에 急急走出門ᄒᆞ며 每夜子時量에 必來訪汝라ᄒᆞ던者가 是誰家喪主麽아 喪主的春秋가 不過二十九(評曰此必假吳進士所傳이거ᄂᆞᆯ 今纔向一枝紅口中說出ᄒᆞ니 省文)라ᄒᆞ시더니 健忘症이 已若是殆甚ᄒᆞ니잇가 吳進士ㅣ 十分大怒ᄒᆞ야 拍案大叱道妖女아 爾與誰家喪人으로 托情交好ᄒᆞ고서 却來誤認我오 速出去ᄒᆞ라 不然이면 我ㅣ 憤頭에 撲殺汝ᄒᆞ리라 一枝紅이 聽罷尤憤ᄒᆞ야 自懷中으로 擲出了那孝巾道狗喪主아 雜喪主아 此是何人物件가 吳進士ㅣ 到此에 但是目瞠口呆로다	대화, 행동 등 여러가지 묘사를 함으로써 이야기 시간과 이야기된 시간이 일치를 이루고 있음.

ᄒᆞᄂᆞᆫ體라(張志淵, 「本報發刊之趣旨」, 『時事叢報』, 1899.1.22)

장지연은 『시사총보』의 창간사에서 과거의 패관이 근래에 신문으로 바뀌어 세계 여러 나라에서 성행하고 있는바, 그 또한 역사류史之流에 속한다고 논설하였다. 일단 장지연이 신문을 『사기史記』 같은 역사기록물로 본 것은 접어두더라도 은연중에 패관을 역사류로 인식하고 있다는 점에 주목해야 한다. 이는 비단 장지연 혼자만의 문제가 아니라 한말韓末 유학자 계층의 보편적인 인식을 대변하고 있다는 점에서 시사하는 바가 크다. 다시 말하면 '사전史傳'의 전통을 계승하여 소설을 역사서처럼 쓴다는 뜻인데 그 양상으로 소설적 허구보다 사실성을 중시한다거나 '문이재도'를 구현한다거나 하는 것이 있다.

『신단공안』의 7편 소설을 보더라도 이러한 경향이 뚜렷한데 중국 의 화본소설을 번안한 작품은 물론 구전 설화를 재구성한 제4화와 제7화도 시간적 배경을 구체적으로 밝히면서 서사를 시작하고 있다. 뿐만 아니라 시간적 배경을 모두 가까운 조선조朝鮮朝로 설정하였는데 역사순으로 정리하면 成廟朝時(성종 재위 기간, 1457~1494), 仁祖朝登極之初(인조 재위 기간, 1623~1649), 肅宗大王卽位十六年(1690), 英祖大王在位年間(영조 재위 기간, 1724~1776), 正宗朝御極八載(1784), 純祖朝御極初載(순조 재위 기간, 1800~1834), 哲宗朝末(철종 재위 기간, 1849~1863)이다. 『신단공안』이 『황성신문』에 연재된 시기가 1906년임을 감안할 때 작가는 제7화를 불과 40~50년 전에 발생한 이야기로 각색하고 있다. 따라서 『신단공안』의 가장 큰 특징을 사실 지향성이라고 볼 수 있으며, 소설에 등장하는 조선의 지명이나 역사적 실존 인물도 이를 잘 입증한다.

한편 이러한 경향은 『황성신문』에 연재된 소설뿐만 아니라 『대한일보』에 연재된 소설에도 해당된다.

> 且說紅娘이 卒業於女學校ᄒᆞ고 送李郎赴戰於旅順일ᄉᆡ 殷勤惜別ᄒᆞ야 囑其成功ᄒᆞ고 乃整理裝束ᄒᆞ야 搭乘瀛船ᄒᆞ고 航入大英國ᄒᆞ야 登學于大學校ᄒᆞ야 纔過二期에 得速成科卒業狀ᄒᆞ고 乃遊覽于伯林首府及巴里京城ᄒᆞ며 將向華盛敦일ᄉᆡ 到處紳士及婦人이 乃催歡迎會ᄒᆞ고 祝賀韓國婦人之吸取文明空氣ᄒᆞ야 握手接吻이 不知其幾千回러라 一日에 接得一郵函ᄒᆞ니 乃李郎在日本東京ᄒᆞ야 將向故國일ᄉᆡ 約期共還ᄒᆞ니 乃明治三十八年秋九月望間이라
>
> ―鶴散人, 『一捻紅』(제12회), 『大韓日報』, 1906.2.14

> 皇帝覽表ᄒᆞ시고 卽以金字批旨曰朕有公主ᄒᆞ니 當下嫁于侍郎이오 玉娘은 其亞之ᄒᆞ라ᄒᆞ시니 閣老ㅣ 謝恩ᄒᆞ고 □勝惶感이러라 皇帝ㅣ 乃令太史□吉ᄒᆞ니 時政成化三十年春三月□五日이라
>
> ―金華山人, 『龍含玉』(제28회), 『大韓日報』, 1906.3.31

> 世界列邦이 命名以尙書島國이라ᄒᆞ고 以李尙書로 陞爲尙書島國王ᄒᆞ야 標準以獨立名義ᄒᆞ야 派送領事ᄒᆞ야 交涉通商事務ᄒᆞ니 李尙書ㅣ 不得辭免ᄒᆞ야 稱爲島王이라ᄒᆞ니 事在十九世紀以前이러라
>
> ―白雲山人, 『女英雄』(제7회, 續13), 『大韓日報』, 1906.7.21

『일념홍』은 제1회에서 시간적 배경을 밝히지 않고 서사를 전개하다가 연재 12회(모두 16회)에 이르러 갑자기 남녀 주인공이 약속을 정하고

귀국한 시간을 구체적으로 1905년 9월(明治三十八年九月)로 밝히고 있다. 즉 러일전쟁露日戰爭(1904.2.8~1905.9.5)이 끝날 무렵으로 잡았는데 남성 주인공 '이정'은 러일전쟁에 참전해 공을 세우기도 한다. 이인직의 『혈의누』가 청일전쟁靑日戰爭(1894.6~1895.4)을 배경으로 창작되었다면 『일념홍』은 불과 몇 달 전에 발생한 러일전쟁을 배경으로 창작된 셈이다. 『삼언이박』의 「옥당춘낙난봉부」를 30회로 재구성한 『용함옥』도 연재가 끝날 무렵인 제28회에 이르러 '성화십삼년成化十三年'이라는 시간적 배경을 구체적으로 밝히고 있다. '성화(1465~1487)'는 명나라 제8대 황제 명헌종朱見深(재위 기간 1464~1487)이 사용한 연호年號로 재위 기간은 23년밖에 되지 않는다. 따라서 '성화삼십년'은 가상의 시간으로 작가가 임의로 지어낸 것에 불과하다. 이러한 시간적 모순은 『여영웅』에 이르러 극에 달한다. 소설은 明嘉靖(朱厚總,재위 기간 1521~1566) 년간을 시간적 배경으로 설정하였다. 여성 주인공 '이형경'은 명나라에서 태어나 장원에 급제하고 전공을 세워 명나라 황제의 인정을 받는다. 하지만 숙명적인 혼인 거부 등 갈등으로 명나라를 탈출해 해외로 진출하면서 소설의 서사적 시간은 무려 몇 세기를 뛰어 넘는다. '이형경'은 '살마이도'에서 워싱턴George Washington(1732~1799)의 업적을 모방해 독립 국가를 건설하는데 작가는 이 일은 모두 19세기 이전에 발생한 사실이라고 쓰고 있다.

한마디로 1906년도 한문체소설 작가층은 '사전'의 전통을 계승하면서도 필요에 따라 역사적 시간과 사건을 재구성하는 유연한 자세를 보여주고 있는바 작가층의 현실인식을 드러내기도 한다.

한편 플롯의 시간을 검토해 보면 한문체소설도 신소설과 마찬가지로 장면묘사를 많이 의식하고 있으며 그에 따라 '이야기된 시간'과 '이야기(하는) 시간'이 일치하는 경우를 종종 찾아볼 수 있다. 일례로 『신단공안』 제7화의 다음 대목을 살펴보기로 한다.

> 吳進士ㅣ 送了魚福孫ᄒᆞ고 猶然道咄咄怪事ᄒᆞ더니 瞥然見一個美人이 叫開了門ᄒᆞ고 輕輕步入來로다 下了長衣ᄒᆞ며 脫了唐鞋ᄒᆞ고 上了堂ᄒᆞ더니 低了雲鬟ᄒᆞ며 啓了朱唇ᄒᆞ고 近前道喪主가 日來에 安寧麽아 吳進士ㅣ 瞠然一視ᄒᆞ니 路上에도 不曾目擊的오 夢中에도 不曾接面的라 昨日的孝巾도 是咄咄怪事어니와 今日的美人도 又是咄咄怪事로다 那美人이 嬌笑道喪主가 頓忘了一枝紅麽아 吳進士ㅣ 兩臉이 乍紅ᄒᆞ더니 勃然道妖女아 一枝紅인지 二枝紅인지 我何由知得了爾名이리오 一枝紅이 不憤가 丁寧吳進士(今日吳進士ᄂᆞᆫ 是丁寧吳進士어니와 向日吳進士ᄂᆞᆫ 不是丁寧吳進士)로 忽然做生淸的語로다 忍住肚氣ᄒᆞ고 再近了前ᄒᆞ야 從容問道第三日前子正時에 身被了喪服ᄒᆞ며 頭戴了方笠ᄒᆞ고 密密地來叫門ᄒᆞ며 再道無高聲者가 是誰家喪主麽아 紅아 坐了膝ᄒᆞ라ᄒᆞ고 抱住了紅的腰ᄒᆞ던者가 是誰家喪主麽아 紅아 伸了手ᄒᆞ라ᄒᆞ고 把住了紅的手ᄒᆞ던者가 是誰家喪主麽아 我ᄂᆞᆫ 喪人之身이라 天明이면 怕人知라ᄒᆞ고 鷄一鳴에 急急走出門ᄒᆞ며 每夜子時量에 必來訪汝라 ᄒᆞ던者가 是誰家喪主麽아 喪主的春秋가 不過二十九(評曰此必假吳進士所傳이거ᄂᆞᆯ 今纔向一枝紅口中說出ᄒᆞ니 省文)라ᄒᆞ시더니 健忘症이 已若是殆甚ᄒᆞ니잇가 吳進士ㅣ 十分大怒ᄒᆞ야 拍案大叱道妖女아 爾與誰家喪人으로 托情交好ᄒᆞ고셔 却來誤認我오 速出去ᄒᆞ라 不然이면 我ㅣ 憤頭에 撲殺汝ᄒᆞ리라 一枝紅이 聽罷尤憤ᄒᆞ야 自懷中으로 擲出了那孝巾道狗喪主아 雜喪主아 此是何人物件가 吳進士ㅣ 到此에 但是目瞠口呆로다
>
> —『神斷公案』(제7화), 『皇城新聞』, 1906.10.19~20

제7화에서 작가의 창작기교가 돋보이는 기생 '일지홍'의 일화이다. '어복손'이 주인 '오 진사'를 사칭해서 기생 '일지홍'을 희롱하고 종적을 감추자 '일지홍'은 진짜 '오 진사'를 찾아오게 된다. 이 부분에서 작가는 심리묘사, 행동묘사, 대화묘사 등 여러가지 묘사를 골고루 사용함으로써 이야기를 매우 현장감 있게 살리고 있다. 이는 서사적 시간의 흐름이 대폭 감속된 것을 의미하는데 이야기된 시간과 이야기 시간이 일치를 이루면서 극적 긴장감이 한층 고조되고 있다.

위 내용을 꼼꼼히 살피면 또 다른 한 가지 중요한 사실을 확인할 수 있는데 작가는 자신이 직접 전통소설의 서사적 구조를 따르지 않고 있음을 밝히고 있다. 작가는 '일지홍'의 입을 통해 '오 진사'의 나이가 밝혀지자 괄호 안에 평評을 하는 방식으로 이제야 '일지홍'의 입을 통해 '오 진사'의 나이를 밝히지만 덕분에 글자 수를 줄였다고 쓰고 있다. 이와 비슷한 평은 다른 곳에서도 확인이 되는데 일례로 아래 경우를 보기로 한다.

> 吳進士ㅣ 與柳生으로 兩兩商議到夜深에 竟不得段落ᄒᆞ고 席散歸了ᄒᆞ야 過了門廊ᄒᆞ다가 一條窓光에 燈影이 爛熳커늘 從窓隙窺視ᄒᆞ니 見得這奴兒가 磕頭打睡에 臥在黑甜鄉中이라 暗暗叫喜道果然不出吾料로다 看得這奴兒의 困睡如此ᄒᆞ니 認得這奴兒의 不曾來彼로다 這奴兒가 苟聽得吾輩的說話면 那能無思無慮히 闔眼睡去리오ᄒᆞ고 入了房ᄒᆞ더니 解了衣就寢道我有柳生이라 何憂這奴리오ᄒᆞ니 嗚呼라 吳進士ᄂᆞᆫ 竟不知這奴兒의 明白聽得了爾兩人的說話ᄒᆞ고 却來作假寐了로다 因事雜文擾ᄒᆞ야 中間的一段緊話를 許久閣過ᄒᆞ얏스니 讀者아 得不悶鬱麽아 今且順勢說及ᄒᆞ리니 當初魚福孫이 向了那宰相ᄒᆞ야 陳說衷曲的時節에 左諦右視ᄒᆞ야도 都無一個的作了不平思想者ᄒᆞᄂᆞᆫ듸 唯獨那宰相手左에 何許長髯的客(柳生之長髯은 從

魚福孫口中補出ᄒᆞ니 是省文)이 眼交黑白ᄒᆞ고 面幻青紅ᄒᆞ며 兩唇이 乍開乍闔ᄒᆞ니 異哉라 爾與我가 自來無怨亦無恩이니 我哭我歌가 干爾甚事이완ᄃᆡ 爾却來如此作不緊想고 我來看吳進士的恍忽情態ᄒᆞ야도 認得這廝의 已有所通寄오 再看了吳進士秘密出入ᄒᆞ야도 認得這廝의 已有所相招(柳生이 未嘗相招ᄒᆞ니 此ᄂᆞᆫ 魚福孫의 誤解)로다 我往探之ᄒᆞ리로다ᄒᆞ고 潛躡了吳進士的後ᄒᆞ야 直到了柳生家ᄒᆞ니 何幸這廝兩個의 促膝的說話로다

—『神斷公案』(제7화), 『皇城新聞』, 1906.11.30

이 부분에서 작가는 우선 '오 진사'가 친구 '유생'과 함께 '어복손'을 어떻게 처치할지에 대해 밀의密議하는 것을 '어복손'이 창밖에서 몰래 엿들었다고 쓰고 있다. 그리고 '어복손'이 그 내용을 듣게 된 경위를 보충 서술하는데 작가는 아마 독자들이 그 이유를 몰라 매우 답답했을 것이라고 하면서 시간을 과거로 되돌려 '어복손'이 속량하기 위해 재상을 처음 만났을 때부터 다시 서술하고 있다. 재상을 만나 자신의 신세를 하소연할 때 유독 수염이 긴 한 객客이 매우 화를 내고 있어 의심스러웠는데 그가 다름 아닌 '유생'이고 '어복손'의 입을 통해 이 사실을 밝힘으로써 또한 글자 수를 줄이게 되었다고 쓰고 있다. 이처럼 본문 중간중간에 시간의 역전이 이루어지는데 괄호 안의 평자를 작가로 볼 경우 한문체소설이 충분히 근대적 소설장르로 발전할 수 있는 가능성을 보여주며, 설령 편집자라고 하더라도 1906년도 한문체소설이 기교적 측면에서 많이 발전했음을 확인할 수 있다.

한문체소설의 작가층이 소설의 창작기교에 신경 썼음을 다음 대목에서도 확인할 수 있다.

那客이 道這厮ᄂᆞᆫ 是鄕闇的生員으로 口中에 略說禮法ᄒᆞ고 是黃犢的頑性으로 耳中에 不入人言ᄒᆞᄂᆞ니 方今은 况是蒙喪(評曰吳進士蒙喪을 從那客中補出ᄒᆞ니 省筆)中이라 自己的閨房에도 守禮不肯入ᄒᆞ려던 肯向此妓生家三牌家來리오

—『神斷公案』(제7화), 『皇城新聞』, 1906.10.15)

我有茶ᄒᆞ고 我有酒ᄒᆞ니 要吃的어던 爾吃ᄒᆞ고 要飮的어던 爾飮ᄒᆞ오(君請擇於斯二者) 這奴兒가 飮了酒ᄒᆞ더니(評曰不說一枝紅의 與了酒ᄒᆞ고 先說魚福孫의 飮了酒ᄒᆞ더니 大是省筆) 向那客道生員主아

—『神斷公案』(제7화), 『皇城新聞』, 1906.11.9

작가는 소설의 서두에서 '오 진사'를 소개하면서 '오 진사'가 최근에 상喪을 당한 사실은 일단 숨겨 두었다가 기생 '일지홍'이 자신을 자주 찾아오던 손님에게 오 진사와의 만남을 주선해달라고 부탁하면서 그 손님의 입을 통해 '오 진사'가 상을 당한 사실을 밝혀 글자 수를 줄이게 되었다고 쓰고 있다. 뿐만 아니라 이틀날에 '어복손'이 상을 당한 '오 진사'의 흉내를 내면서 '일지홍'을 찾아오는 것을 위해 미리 복선까지 깔아두고 있다. 3년 후 '어복손'이 본래 모습으로 '일지홍'을 찾아왔을 때 '일지홍'은 술과 차를 대접하는데 이 부분에서 평자는 '일지홍'이 술을 내오는 과정을 먼저 쓰지 않고 '어복손'이 술을 마셨다고 씀으로서 크게 글자 수를 줄였다고 비평하고 있다. 단순하게 술을 마시는 것을 통해 술을 내오는 과정을 생략하였을 뿐인데도 평자는 정도부사 '크게大是'까지 써 가면서 강조하고 있다. 이러한 경우는 제6화 「천사약완동령흉 차신어명관착간踐私約頑童逞凶 借神語明官捉奸」에서도 포착된다.

> 翠姐가 猛推房門ᄒᆞ고 起身出去ᄒᆞ면셔 喃喃地道使了狂氣ᄒᆞ고 却言疲困ᄒᆞ니 左目인들 誰瞬이리오ᄒᆞ더니 (此日이 是歸程第三日) 及大明日曉頭ᄒᆞ야 翠姐가 自己的房으로 放聲哭將出來(大省筆)ᄒᆞᄂᆞᆫ지라 全家가 驚起ᄒᆞ야 其緣故를 問ᄒᆞᆫᄃᆡ 翠姐가 欲言忽塞에 雙淚를 亂揮道入了我房ᄒᆞ야 看了光景ᄒᆞ면 孫同夫婦手脚이 慌亂이라 開了房門ᄒᆞ니 只見健兒가 口開目張ᄒᆞ고 儼然僵臥ᄒᆞ얏ᄂᆞᆫᄃᆡ 呼之不應에 觸之莫覺ᄒᆞ고 捫了身子ᄒᆞᆫ즉 鐵其冷矣오 驗了鼻子ᄒᆞᆫ즉 息已絶矣니 嗚呼死矣라
>
> —『神斷公案』(제6화), 『皇城新聞』, 1906.10.2~4

전날에 남편 '건아健兒'와 말다툼한 '취저翠姐'가 이튿날 아침 자신의 방에 들어갔다가 큰 소리로 울면서 나오자 온 식구들이 달려와서 그 이유를 묻는데 '취저'는 말은 못하고 눈물을 뿌리며 어서 방에 들어가 보라고 한다. 그리고 '손동孫同' 부부의 시선을 통해 건아가 죽은 현장의 모습을 보여주는데 평자는 이 부분에서도 크게 글자 수를 줄였다고 비평하고 있다.

요컨대 1906년도 신문연재 한문체소설의 작가(혹은 평자)는 서사적 시간에 신경을 쓰고 있으며 그 변화를 가장 긍정적으로 평가하고 있다. 따라서 이런 점에서 한국 근대소설의 형성과정을 밝히기 위해서는 한문체소설의 연구도 같이 이루어져야 된다고 본다.

3. 서사구조의 재구성

『황성신문』에 연재된 『신단공안』은 피카레스크 소설처럼 7편의 독립된 이야기로 구성되었으며, 제4화나 제7화 같은 경우에는 또 소설 속에 여러 개의 에피소드가 옴니버스식으로 등장하고 있다. 김춘진은 피카레스크 소설의 내적 발전동기는 리얼리즘적 문제의식으로 귀착되는 바 자유와 억압의 논리, 사회변동과 신분상승 욕구, 이성의 자각과 회의, 금욕주의와 현실주의 등 피카레스크 소설에 대한 다양한 시각은 현실의 가치체계를 비판하고 새롭게 전망하려는 리얼리즘적 문제의식을 제기하는 것[17]이라고 하였다. 실제로 『신단공안』은 현실적인 문제에 깊이 관여하고 있으며 근대전환기의 일련의 사회문제를 소설을 통해 접근하려고 시도하였다. 그러기 위해서는 소설의 허구성보다 사실성을 강조해야 되는데 양식적인 측면에서 볼 때 작가는 객관적 시점의 확보와 아울러 전지적인 서술에서 벗어나려는 양상을 보여주고 있다.

선행 연구 검토에서도 문제를 제기했지만 『신단공안』 제6화는 마지막 두 번째 이야기로 연재되고 또 작가의 온전한 창작으로 보이기 때문에 좀 더 관심을 가져야 할 필요가 있다. 내용은 전통 공안소설과 별반 차이가 없지만 스토리 전개에서 복합구성을 보여주고 있어 주목된다. 〈도표 17〉에서 확인할 수 있다시피 작가는 서사공간을 벽파촌碧波村과 수제촌繡蹄村 두 개로 설정하여 여러 개 시점을 확보하려고 노력하고

17 김춘진, 「피카레스크 소설의 개인의식과 사회적 갈등」, 『이베로아메리카연구』 5, 서울대 라틴아메리카연구소, 1994, 297쪽.

〈도표 17〉

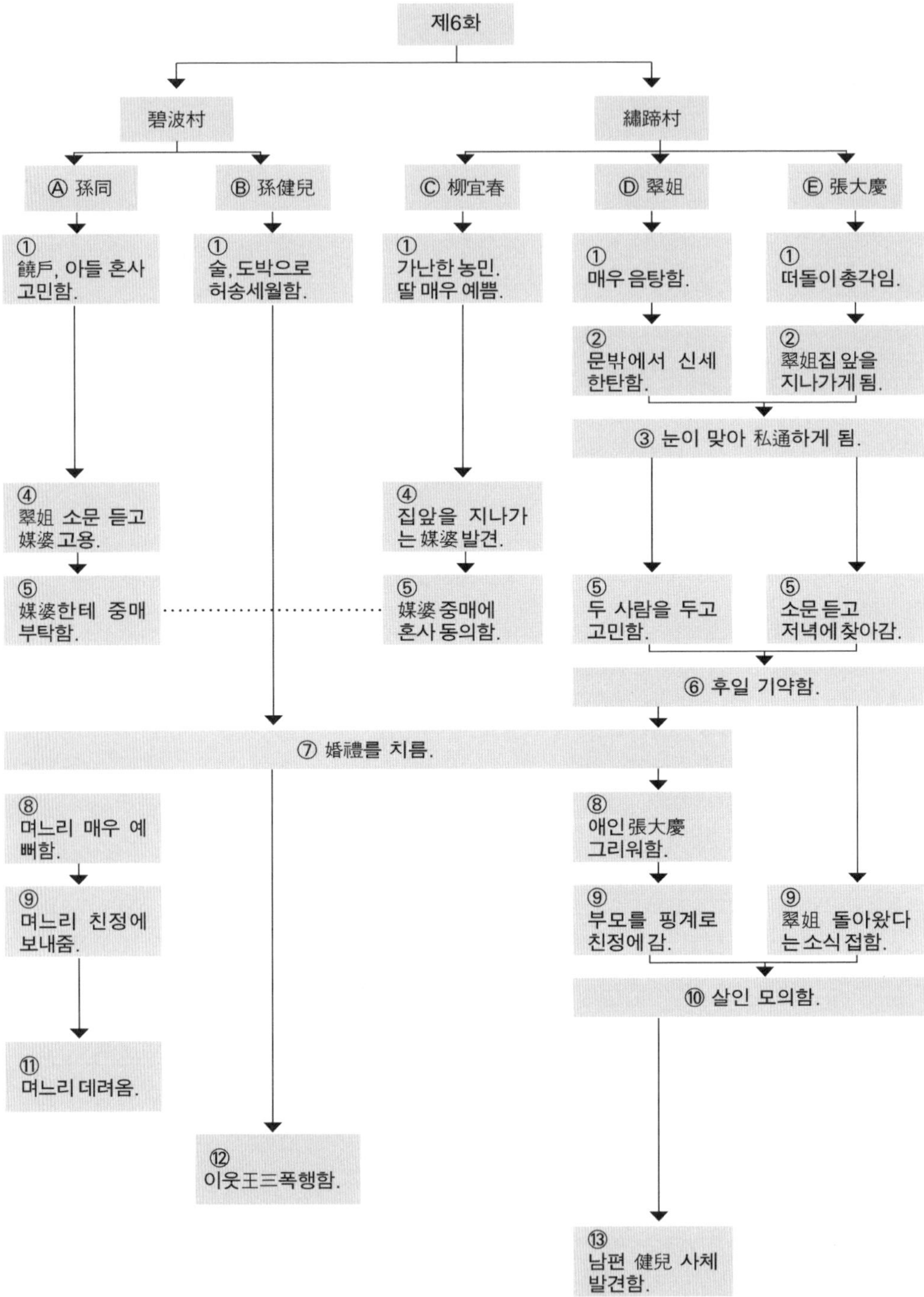
제6화
碧波村
繡蹄村
Ⓐ 孫同
Ⓑ 孫健兒
Ⓒ 柳宜春
Ⓓ 翠姐
Ⓔ 張大慶
① 饒戶, 아들 혼사 고민함.
① 술, 도박으로 허송세월함.
① 가난한 농민. 딸 매우 예쁨.
① 매우 음탕함.
① 떠돌이 총각임.
② 문박에서 신세 한탄함.
② 翠姐집 앞을 지나가게 됨.
③ 눈이 맞아 私通하게 됨.
④ 翠姐 소문 듣고 媒婆 고용.
④ 집앞을 지나가는 媒婆 발견.
⑤ 媒婆한테 중매 부탁함.
⑤ 媒婆 중매에 혼사 동의함.
⑤ 두 사람을 두고 고민함.
⑤ 소문 듣고 저녁에 찾아감.
⑥ 후일 기약함.
⑦ 婚禮를 치름.
⑧ 며느리 매우 예뻐함.
⑧ 애인 張大慶 그리워함.
⑨ 며느리 친정에 보내줌.
⑨ 부모를 핑계로 친정에 감.
⑨ 翠姐 돌아왔다는 소식 접함.
⑩ 살인 모의함.
⑪ 며느리 데려옴.
⑫ 이웃 王三 폭행함.
⑬ 남편 健兒 사체 발견함.

있다. 벽파촌에서는 Ⓐ과 Ⓑ시점을, 수제촌에서는 Ⓒ, Ⓓ, Ⓔ시점을 확보하여 시점을 자유롭게 오가면서 스토리를 전개하고 있다. 뿐만 아니라 '-고 있는데'와 같은 진행형을 사용함으로써 두 가지 시점을 동시간대에 배치하여 사건을 입체적으로 구성하려고 노력하였다.

소설 제1회는 우선 전지적 시점에서 부유한 '손동孫同'과 그의 아들 '건아健兒', 가난한 '류의춘柳宜春'과 그의 딸 '취저翠姐'를 소개하고 있다. 제2회는 사춘기에 있는 '취저' 즉 Ⓓ시점에서 스토리를 전개하는데 '취저'는 부모가 밭일로 집을 비우자 홀로 문수門首에 기대고 서서 외로운 신세를 한탄한다. 그러던 중에 이웃집 총각 '장대경張大慶'이 노래를 부르며 집 앞을 지나가자 '취저'는 일부러 인기척을 내서 주의를 끌며[18] '장대경'은 결국 '취저'의 꼬임에 넘어가 정을 통하게 된다. 제4회는 다시 Ⓐ시점으로 이동해 '손동'이 아들 '건아'의 혼사로 고민하던 중에 매파를 만나 '취저'의 소식을 듣고 더 자세한 소식을 부탁한다. 그리고 매파가 '취저'를 찾아가는 과정은 생략하고 Ⓒ시점으로 이동해 '류의춘' 일가족 셋이 한자리에 모여 한담을 나누는 장면으로 시작한다. 일가족이 한담을 나누다가 지나가는 노파老婆에게 잠간 목을 축이고 쉬어 가라고 선행을 베푼다. 그 노파가 다름 아닌 매파이며 매파는 '취저'를 자세히 관찰하고 가난한 집안 사정까지 알아내서 돌아간다. 작가는 이 부분에서 역시 매파가 '손동'을 찾아가는 과정은 생략하고 '손동'의 시점에

18 "且說翠姐가 半向呆了타가 忽將黛首ᄒᆞ야 徐徐擡起ᄒᆞ며 重發了一吁道我가 入了罷어다ᄒᆞ고 遂欲移了軟步터니 忽見一個俊總角이 兩手를 又在背上ᄒᆞ고 高高的唱一個曲兒道遊兮遊兮여 少年時候에 遊ᄒᆞ리로다 老大ᄒᆞ면 豈得ᄒᆞᆯ가ᄒᆞ고 踉踉蹌蹌히 直 過門首去어ᄂᆞᆯ 翠姐가 輕作咳嗽一聲ᄒᆞ고 將身子躱過ᄒᆞ며 勤將面了露出ᄒᆞ야 暗看了這個總角터니".(『神斷公案』(제6화), 『皇城新聞』, 1906.9.17)

서 매파를 보내놓고 소식을 애타게 기다리는 모습을 그리고 있다. 그리고 매파가 돌아오자 '손동'은 정식으로 중매를 부탁하며, ⓒ시점(제6회)에서 매파가 이튿날 다시 찾아와 중매를 서자 재산을 보고 흔쾌히 수락한다. 제7회는 또 ⓓ시점에서 '취저'가 '건아'와 '장대경' 두 사람을 놓고 고민하는 심리를 묘사하고 있다. '건아'가 피살되는 부분도 작가는 ⓑ시점에서 처리하는데 '건아'는 이웃 '왕삼王三'과 투계鬪鷄로 시비가 붙은 후 이튿날에 변사체로 발견된다. '건아'의 죽음을 마치 다른 이야기를 쓰듯이 삽입함으로써 객관적 거리를 확보하려는 작가의 의도가 분명하다. 그러면서 서사적 역전도 함께 이루어지는데 작가는 독자의 흥미를 충분히 유발한 후 마지막에 기이한 살인수법을 공개[19]하고 있다. 이처럼 작가는 매회에 시점을 이동함으로써 독자들에게 신선한 충격을 주고 있다.

다양한 시점은 결국 서술자의 전지적 시점을 제한[20]하기 위한 장치인데 작가는 이를 통해 이야기의 사실성을 확보하고 있다. 이와 비슷한 시도는 『신단공안』 제7화에서도 나오는데 작가는 '어복손'이 황소 한 마리 사오는 일화와 유생들의 짐을 갈취하는 일화는 아껴 두었다가 '일지홍'을 자주 찾아오는 손님의 입을 통해 서술[21]한다. 더 나아가서 작가는

19 "健兒가 旣與翠姐로 同宿了一房ᄒᆞᄂᆞᆫᄃᆡ 若斫到健兒에 鮮血이 淋漓滿房ᄒᆞ면 十手所指가 不歸于翠姐면 誰歸며 十目所疑가 不在于翠姐면 誰在리오 是故로 中夜白刃을 旋覺踈虞ᄒᆞ야 與 翠姐更議ᄒᆞ고 以猪毛一介로 乘熟睡伸入臍中ᄒᆞ야 以致一夜之間에 輕輕斷送了那一命니로이다".(『神斷公案』(제6화), 『皇城新聞』, 1906.10.8)

20 천핑위안은 『中國小說敍事模式的轉變』에서 '제한적 서술限制敍述'과 '전지적 서술全知敍述'이라는 용어를 사용함.

21 "那客이 歛膝坐了ᄒᆞ더니 仍向一枝紅道爾俄者에 一時錯認(評曰不是錯認)了慣面ᄒᆞ던 這奴兒가 是巧詐百出ᄒᆞ고 凶慝無比的漢子라 這個黠奴가 遇了這個癡主ᄒᆞ니 主人은 雖快認渠黠이라도 使用機關이 猶自恢恢이거날 況癡主가 自許以曉人ᄒᆞ고 黠奴를 反認以癡奴ᄒᆞ니 吳進

같은 시점에 같은 환경일지라도 다양하게 묘사함으로써 등장인물의 심리를 매우 사실적으로 그려내고 있다. 『신단공안』 제7화에서 나오는 '일지홍'의 심리 묘사를 살펴보기로 한다.

> 一枝紅이 送了那客하고 悶悶獨坐하니 枕畔에 耿耿的孤燈이며 窓外에 姸姸的月色이오 近鄰에 吠吠的靑尨이며 遠村에 隱隱的雙砧이오 庭除수수黃葉聲은 欺人也殆甚하는도다(此恰是懷人情境이나 妓家懷人法은 原來與人自殊하야 但懷有錢人하고 不懷無錢人) 開了窓道月色이여 閉了窓하고 吹了燈하고 觧了衣하고 就了枕하더니 猛聽得門外剝啄的一聲에 何人이 來叩門이로다
>
> —『神斷公案』(제7화), 『皇城新聞』, 1906.10.16

> 一枝紅이 道時는 子正이오 月色如畵라 纔送了生員主ᄒᆞ고 挑燈獨坐ᄒᆞ니 砧聲也搗搗ᄒᆞ고 風聲也叟叟ᄒᆞ고 無情也犬聲이 欺人也葉聲인데(與上篇之所敍로 情境則同而文法이 畧變) 忽然那千般萬般可憎的聲中에 猛聽得異常的一聲이 道是砧聲也不是오 道是風聲也不是오 道是犬聲葉聲이라도 也只不是라 撞撞撞ᄒᆞ니 似是叩門聲이오 戞戞戞ᄒᆞ니 似是劃墻聲이오 畫畫畫ᄒᆞ니 似是人嘯聲이라(上篇에 寫得假吳進士來訪之光景에 單下叩門剝啄四字ᄒᆞ고 且想當夜之事에 亦只這叩門剝啄之一聲이 足矣어날 但一枝紅이 鋪張太過ᄒᆞ야 做得如此奇奇恠恠之聲出來) 兩耳를 乍傾ᄒᆞ니 分明是情人이 訪我러이다
>
> —『神斷公案』(제7회), 『皇城新聞』, 1906.10.23

士情事는 實可寒心이라 我雖不記得這奴的姓字이나 亦曾記得這點奴的事狀ᄒᆞ니 請爲汝說一二句ᄒᆞ리니 爾聽的어다". (『神斷公案』(제7화), 『皇城新聞』, 1906.10.30)

소설에서 '일지홍'의 심리 묘사가 돋보이는 부분이다. '일지홍'은 손님을 내보내고 혼자 앉아 있노라니 머리맡의 등불도 외롭다. 창밖의 달빛은 아름답기 그지없고 가끔 이웃집 개 짖는 소리와 아랫마을에서 빨래 두드리는 소리가 은은하게 들려오는데 앞마당의 수수 잎까지 바람에 흔들리니 마음이 심란하기만 하다. 창문 열고 달빛이여 한 번 불러보지만 이 밤이 야속하기만 해서 불을 끄고 누웠는데 똑똑하고 누군가 문을 두드린다. 하지만 '오 진사'와 한바탕 싸우고 난 '일지홍'의 입을 통해서 묘사된 그날 밤의 풍경은 사뭇 다르다. 달빛은 그림처럼 아름답지만 빨래를 두드리는 소리가 요란하게 들려오고 찬바람이 쌩쌩 부는데 개까지 사정없이 짖어대니 마음이 심란하기 짝이 없으며, 바람에 흔들리는 나뭇잎 소리까지 온갖 소리가 가증스럽기만 하다. 그러는 가운데 갑자기 이상한 소리가 들리는데 '당당당撞撞撞' 문 두드리는 소리 같기도 하고 '알알알戞戞戞' 벽 긁는 소리 같기도 하며, '화화화畫畫畫' 사람 우는 소리 같기도 하다. 평자도 이 부분을 예리하게 포착하고 독자들의 이해를 돕기 위해 상황은 똑같은데 문법이 조금 바뀌었다고 하면서 '일지홍'이 사실을 너무 과장했기 때문이라고 비평하였다. 하지만 이러한 묘사야말로 '일지홍'의 시점에 충실한 객관적인 묘사가 아닐 수 없으며, 한문체소설의 진화로 보지 않을 수 없다. 게다가 작가는 '당당당', '알알알', '화화화' 같이 한자를 의성의태어로 조합해서 사용하여 '일지홍'의 시점을 더욱 현장감 있게 살리고 있다.

결론적으로 1906년도 신문연재 한문체소설은 다양한 시점을 확보하기 위해 노력하였으며 이를 통해 고전소설의 전지적 시점을 극복하고 소설의 사실성을 확보하고자 하였다.

/ 제4장 /

계몽사상의 수용과 '사전史傳' 전통의 계승

제1장에서도 언급했다시피 1906년은 전환적인 연도로 자각적이고도 양심적인 한국인들이 기울어져 가는 국운을 만회하기 위하여 안간힘을 쓰던 시기였다. 따라서 애국계몽운동이 시대적 주류가 되고 근대신문도 이에 적극 가담하여 다양한 역할을 수행하고자 하였다. 이러한 시점에서 한문체소설이 대거 등장한 것은 근대신문이 분명 한문체소설의 효용성을 주목하고 있다는 뜻이다. 재미있는 점은 대표적인 애국계몽신문으로 주목받는 『황성신문』은 소설을 통해 유교적 교화를 더 많이 강조하고 친일신문으로 매도당하는 『대한일보』는 소설을 통해 여성의 역할과 계몽을 더 많이 강조하고 있다는 사실이다. 따라서 본 장에서는 작품과 작품 속에 등장하는 논평을 위주로 『황성신문』과 『대한일보』가 주장하는 계몽의 논리와 유교적 교화의 논리를 살펴보고자 한다. 나아

가서 이러한 논리가 한문체소설의 창작에 어떠한 영향을 미쳤는지도 함께 살펴본다.

1. 근대적 계몽의 논리와 소설적 자유

『황성신문』은 1898년에 창간되었지만 약 8년이 지난 1906년부터 소설란을 만들어 한문체소설을 연재하기 시작하고 『대한일보』는 비록 1904년 창간 초기에 『관정제호록灌頂醍醐錄』이라는 3회분의 소설을 연재하기는 하였지만 본격적으로 소설란을 기획하고 연재한 시점은 1906년도이다. 우연의 일치라고 보기에는 석연치 않게 『만세보』도 1906년도에 이인직의 『혈의누』를 연재하여 여러 신문사에서 마치 소설을 놓고 경쟁하는 모습을 연출하는데 그만큼 여러 신문사는 분명한 문제의식을 가지고 소설이라는 장르를 통해 당대 사회가 직면한 여러가지 문제를 풀어나가고자 했던 것이다.

당대 사회가 직면한 첫 번째 과제는 무엇보다도 계몽이다. 『황성신문』과 『대한일보』는 특히 여성 교육과 계몽을 강조하고 있는데 소설에서 여성을 주인공으로 정면에 내세움으로써 우선 여성의 사회적 지위를 드러내고, 그 다음 사회적 관계 속에서 남성과 대등하거나 또는 남성보다 월등한 능력을 부여함으로써 여성의 역할을 강조하고 권리를 신장하고 있다. 유교적 교화를 더 많이 강조하는 『황성신문』의 『신단공안』을 보더라도 그 경향이 매우 뚜렷하다. 일례로 『신단공안』 제2화 「노대랑 군유학 자비관음탁몽」을 살펴본다. 중국 의화본소설 「관음보살탁몽」을 12회로 개작했지만 1, 2회는 완전히 새로운 내용이다. 따라서 이 부분에서 작가는 문제의식을 분명하게 드러내는데 소설을 통해 부각하고자 한 인물은 '송지환'이 아니라 그의 아내 '이 낭자李娘子'이다. '이 낭자'는 처음부터 '송지환'에 비해 월등하다. 학식과 재능이 뛰어날뿐더러 자기주장이 강해 과년이 되도록 결혼하지 않는다. 비록 매파에게 속아 '송지환'과 결혼하게 되지만 첫날밤에 남편에게 책을 몇 년 읽었으며 어떤 사람을 스승으로 모셨는지부터 묻는다. 그리고 남편을 설득하기 시작하는데 여자는 스스로의 힘으로 지위나 부를 얻을 수 없어 지아비에게 의지할 수밖에 없다고 하면서 지나온 삶을 반성하지 않고 계속 이어갈 경우 자결할 것이라고 한다. 이에 '송지환'은 10년 동안 학문을 닦을 것을 맹세하며 '이 낭자'는 이튿날 새벽에 닭이 울자 바로 남편을 떠나보낸다. 10년 후 '송지환'은 진사에 급제하여 돌아온다.[1] 이상의 내용은 다음과 같은 몇 가지 사실을 전달한다. 첫째, 여성은 학식이 있어도 출세

1 "是時에 之煥이 旣以狂蕩所致로 娶妻無路ᄒᆞ야 年近三十토록 村隣이 皆喚做宋道令(方言에 稱年長總角之號)이라ᄒᆞ더니 卽聞李娘子ㅣ 過年未嫁ᄒᆞ고 使其平日親善的酒婆로 去說娘子的母호ᄃᆡ 某洞에 有宋氏的年少兒郞ᄒᆞ니 形貌俊秀ᄒᆞ고 文藝非凡ᄒᆞ오니 夫人이 苟擇佳婿ᄃᆡᆫ 舍此何求오ᄒᆞ고 百般巧說ᄒᆞᆫᄃᆡ 夫人은 閨中女子라 安知宋郞의 如此狂蕩이리오 應時許諾ᄒᆞ고 柱單旣畢에 卽卜禮日ᄒᆞ니라 是日에 夫人이 望見宋郞的貌樣ᄒᆞ고 已是十分不悅ᄒᆞ더니 當夜婚房에 李娘子ㅣ 親向宋郞問道호ᄃᆡ 君이 讀書幾年이며 所師ᄂᆞᆫ 何人고ᄒᆞᆫ즉 宋郞이 默然良久에 方纔答道호ᄃᆡ 我ᄂᆞᆫ 不曾讀書라 (…중략…) 李娘子가 向前道女子一身은 仰望其夫而已오 貴賤貧富가 豪無自力이온데 今君若一向如是ᄒᆞ야 不自覺悟면 妾當手刃自刺어니와 君이 悔過自新ᄒᆞ야 從事學業이면 妾은 死無所恨ᄒᆞ리니 君將奈何오 宋郞이 起身道終當自策自勵ᄒᆞ야 不敢有負君言ᄒᆞ리라 娘子要宋郞爲盟ᄒᆞ니 宋郞이 誓曰自明日爲始ᄒᆞ야 期以十年讀書ᄒᆞ리니 苟不然이면 不敢復見娘子ᄒᆞ리라 娘子ㅣ 拜謝ᄒᆞ고 鷄旣三聲에 娘子가 卽催起宋郞ᄒᆞ야 要其遊學遠地ᄒᆞ니 宋郞이 不得已起身ᄒᆞᆯᄉᆡ 出門茫徉에 不知所之라".(『神斷公案』(제2화), 『皇城新聞』, 1906.5.26, 28)

할 수 없다. 둘째, 여성은 재능이 있어도 부를 얻을 수 없다. 셋째, 남성은 학문을 닦으면 출세할 수 있다. 넷째, 결국 여성은 좋은 남편을 만나야 하는데 사기당하기 일쑤이다. 이런 의미에서 볼 때 '이 낭자'가 결혼 첫날밤에 자신의 목숨을 가지고 남편을 협박해서 학문을 닦게 하는 것은 현실적인 선택이다. 한국 여성이 처한 현실이 그만큼 가혹하다는 뜻이다.

소설의 마지막 회에 등장하는 평자도 이 부분을 날카롭게 지적하고 있다.

> 桂巷稗史氏曰奇哉라 李氏之才여 激成郎君於年長失學之後ᄒᆞ고 全節不辱虎口不可測之地ᄒᆞ니 使其生爲男子러면 可以托六尺之孤ᄒᆞ고 寄百里之命者ㅣ 非斯人歟아 嗚呼라 聶政之姊ᄂᆞᆫ 驚市人於一呼ᄒᆞ고 淳于之女ᄂᆞᆫ 除肉刑於一疏ᄒᆞ야 以之書名竹帛에 垂之千秋어ᄂᆞᆯ 我國은 女子諱名이 特甚ᄒᆞ야 不曰某氏之女면 則曰某氏之妻라ᄒᆞ야 至其幼時所稱某姬某童之號도 一切抹殺之不得稱은 何也오 是以로 唯蘭雪軒許氏之字景焚('樊'이 맞음—인용자주)者ㅣ 見於尤侗之外國竹枝詞ᄒᆞ고 其餘ᄂᆞᆫ 雖卓卓貞烈之操而槪不得聞ᄒᆞ니 吾於李氏에 又曷勝歎惜哉아
>
> —『神斷公案』(제2화), 『皇城新聞』, 1906.6.8

'계항패사씨'는 한국은 특히 여성에 대한 차별이 심해 이름을 부르지 않는다고 한다. 여성은 기껏해야 아무개의 딸 아니면 아무개의 처로만 불리며 어렸을 때 불렸던 이름도 커서는 다시 부르지 않는다. 때문에 허난설헌許蘭雪軒의 자 '경번景樊'만 우동[2]이 지은 '외국죽지사'에서 찾아볼 수 있을 뿐 나머지는 '이 낭자'처럼 아무리 정렬貞烈하더라도 역사에 기

록되지 않는데 실로 안타까운 일이 아닐 수 없다고 한다. 결론적으로 『신단공안』 제2화는 한국 사회의 여성 차별을 비판하는 소설인 것이다.

『황성신문』에 연재된 소설이 매우 조심스럽게 여성 문제를 다루고 있다면 『대한일보』에 연재된 소설은 매우 적극적으로 다루고 있다. 『일념홍』의 여성 주인공 '일념홍'은 해외 유학을 다녀오고 남녀의 동등한 권리와 아울러 동등한 사업을 주장한다. 『용함옥』의 여성 주인공 '옥단'은 남성보다 뛰어난 능력을 소유하고 있다. 『여영웅』의 '이형경'은 나라를 구하고 미개한 섬을 독립국가로 건설하는 등 전무후무한 활약을 펼치면서 거의 선구자로 군림한다.

특히 『여영웅』은 소설을 시작하기 전에 서언에서 남녀평등부터 주장하면서 한국은 여성을 사회적 기물棄物로 간주하기 때문에 근대 문명을 추진하지 못한다고 강조한다. 때문에 '이형경'의 이야기를 게재함으로써 여성영웅의 존재를 증명하겠다고 밝힌다. 목적의식이 분명한 만큼 그에 알맞은 소설적 장치가 필요한데 예를 들면 다음과 같다. ① 소설의 주인공을 여성으로 설정한다. ② 소설의 무대를 해외로 넓힌다. ③ 국내는 수난의 공간, 해외는 구원의 공간으로 차별한다. ④ 여성 주인공을 해외로 유학 보낸다. ⑤ 여성 주인공은 근대적 교육을 받는다. ⑥ 여성 주인공은 문명인이 되어 귀국한다. ⑦ 여성 주인공은 국내에서 여성 계몽, 실업 등에 종사한다. 이러한 소설적 장치는 『일념홍』 같은 한문체소설 뿐만 아니라 『혈의누』 같은 동시대 신소설이 보편적으로 구사하는

2 尤侗(1618~1704), 명말 청초 시인, 희곡작가임. 호는 회암梅庵·간재艮齋·서당노인西堂老人·학서노인鶴栖老人·매화도인梅花道人 등이고 소주부蘇州府 장주長州(지금의 江蘇省蘇州市) 사람임. 『명사明史』 편찬에 참여하고 저서로 『서당전집西堂全集』 61권과 『여집余集』 135권 있음. 『외국죽지사外國竹枝詞』는 시문집으로 『서당전집』에 수록됨.

하나의 패턴이 되었다. 다시 말하면 주인공의 삶의 궤적은 정해져 있다. 이런 점에 비추어 볼 때 『여영웅』의 변화는 실로 놀랍다. 예를 들면 다음과 같다. ① 소설의 주인공을 자의식이 매우 강한 여성으로 설정하였다. 따라서 사회로 진출하기 위해 8세에 스스로 남장[3]을 한다. ② 소설의 무대를 해외로 넓히면서 '살마이도'라는 제3의 공간을 개척하기도 한다. ③ 국내와 해외 공간을 차별 두지 않는다. ④ 여성 주인공은 해외로 유학 가지 않고 새로운 삶을 개척한다. ⑤ 여성 주인공은 해외에서 근대 교육을 받지 않고 세계 문명을 '순례'한다. ⑥ 여성 주인공은 귀국하지 않고 미개의 섬에서 자신의 뜻을 펼친다. ⑦ 여성 주인공은 다만 말년[4]을 보내기 위해 귀국하려고 한다. ⑧ 여성 주인공은 연애나 결혼을 하지 않는다. 『대한일보』는 『일념홍』의 연재를 2월 18일에 마무리하고 두 달이 채 안 되는 4월 5일에 『여영웅』을 연재하였다. 즉 같은 신문에 연재된(또는 같은 편집자의 손을 거친) 소설이 두 달 만에 이렇게 놀라운 변화를 보여준 것이다.

재미있는 점은 이러한 구성이 소설적 자유와 연관된다는 사실이다. 소설에서 '이형경'이 공을 이루고 영웅으로 등극할 수 있었던 이유는 결

---

3 "父母ㅣ 雖愛其才나 每見其豁達俊邁가 太過於人ᄒᆞ고 還有不懌之色ᄒᆞ야 常戒之曰汝身爲女子ᄒᆞ야 無一留意於女職ᄒᆞ고 專務男子之事業者ᄂᆞᆫ 何意也오 炯卿이 對曰人生世間ᄒᆞ야 心受先聖之遺訓ᄒᆞ며 口吐泣鬼之文章ᄒᆞ고 內修立身之行義ᄒᆞ며 外建事君之名節이 足矣라 焉能効世俗兒女子ᄒᆞ야 從事針線之任而已哉잇가 小女ㅣ 雖未免女子나 世上碌碌之庸材를 心竊笑之ᄒᆞ노니 脫女裳衣男服ᄒᆞ야 得伸爲子之道於父母之前이 唯心所願로소이다".(白雲山人, 『女英雄』(제1회 續1), 『大韓日報』, 1906.4.6)

4 "島王이 一日會羣臣與外國領事ᄒᆞ야 喟然嘆曰我ᄂᆞᆫ本非男子오 卽是女子라 在明朝時에 出將入相ᄒᆞ야 名播宇內러니 不欲從嫁於人ᄒᆞ야 違反天子命ᄒᆞ고 上表辭職ᄒᆞ고 周流天下라가 至於此島ᄒᆞ야 幸成事業ᄒᆞ니 吾不欲永守此島ᄒᆞ야 貪其榮光이라 幸擇其有德者ᄒᆞ야 戴之爲君ᄒᆞ라 吾ᄂᆞᆫ 當歸于故國ᄒᆞ야 遊歷於名山大川ᄒᆞ야 以終其餘年矣리니 諸君은 幸勿缺然ᄒᆞ라". (白雲山人, 『女英雄』(제7회 續13), 『大韓日報』, 1906.7.21)

국 혼인 거부에서 비롯된다. ‘이형경’은 꾸준히 혼인을 거부하면서 사회로 진출하고 기존 질서와 충돌하며, 또 해외로 나가서 새로운 질서를 세운다. 그러는 사이에 ‘이형경’은 말년을 고려할 나이가 된다.

> 張大使臨歸에 阿蘭主ㅣ 大設祖莚(‘筵’이 맞음—인용자주)于海上望華亭ᄒᆞ고 致慇勤之意ᄒᆞ니 大使ㅣ 不禁烏悒ᄒᆞ야 枉然垂淚海海山隔遠ᄒᆞ고 靑已老ᄒᆞ니 此生逢別이 湏屬悵然이라 靑霞奇氣를 何時更見고 阿蘭主曰我有首邱之惡ᄒᆞ니 必歸故國ᄒᆞ야 垂老於父母之鄕이라 一時浮榮을 何足掛慮리오 大使曰天歲忿忿ᄒᆞ고 人世忙忙ᄒᆞ니 白頭相逢이 豈飛悵缺이리오 阿蘭主曰萬事已定이라 人不何(‘可’가 맞음—인용자주)强이니 分合有明라
>
> — 白雲山人, 『女英雄』(제7회 續35), 『大韓日報』, 1906.8.16

대사의 신분으로 ‘아란국’을 방문한 ‘장소’는 귀국하면서 ‘이형경’과의 이별을 못내 아쉬워한다. ‘이형경’은 자신은 반드시 고향으로 돌아가서 말년을 보낼 것이라고 하면서 ‘장소’를 위로한다. ‘장소’는 세월이 무정한데 백발에 다시 만나는 것보다 더 슬프고 안타까운 일이 있겠는가고 묻는다. 그러자 ‘이형경’은 모든 일이 이미 정해져 있으니 사람이 억지로 할 수 있는 것이 아니라고 한다. 이 부분을 읽고 독자들도 이해할 수 없었을 것이다. ‘이형경’은 천상계 태을성, ‘장소’는 ‘천을성’ 전생으로 두 사람의 인연은 분명 하늘이 정해준 것이다. 소설에서 등장하는 온갖 인물도 독자들에게 끊임없이 이 사실을 각인시킨다. 그런데 작가는 이제 와서 시치미를 떼는 것이다. 하지만 실은 작가가 시치미를 떼는 것이 아니라 더 이상 소설의 흐름을 좌우지할 수 없게 된 것이다.

결론적으로 『황성신문』과 『대한일보』에 연재된 한문체소설의 계몽의 논리는 여성 문제로 귀결되며 그것을 풀어가는 과정에 일정한 소설적 자유까지 수확하고 있다.

2. 유교적 교화教化의 논리와 '사전'의 전통

『황성신문』과 『대한일보』는 한문 위주로 제작되고 주체가 유학儒學에 바탕을 둔 한문 세대라는 점에서 상당한 동질성을 가지고 있다. 따라서 비슷한 문제의식을 드러내고 있는데 계몽사상을 수용하면서도 유교적 이념을 강조하고 있다. 그 목적은 유학의 전통을 비판적으로 계승(박은식, 신채호, 장지연 같은 경우)하거나 당대의 혼란스러운 현실을 봉건적 윤리 및 유교적 합리주의 안에서 개혁(이해조 같은 경우)[5]하기 위해서이다.

『대한일보』의 기자는 『용함옥』 30회 게재를 마무리 하면서 다음과 같이 쓰고 있다.

> 本記者 ㅣ 評曰金華山人이 遺一草稿於本社하야 惜其稗官之遺漏者하니 吾儕 ㅣ 乃演其辭而爲三十回하야 登載于此하니 盖稗官氏도 亦一史家(者?－인용자주)流라 採摭其勝事異跡과 奇人特行하야 以附石室之餘流하니 亦足寫懲惡創善之一

5 양문규, 「개화기 문학 담당층의 사회・역사적 성격－신소설 작가를 중심으로」, 『국제어문』 25, 국제어문학회, 2002, 153쪽.

種箴戒라 雖然이나 稗官之失이 或流於吊詭하며 或馳於虛(構?－인용자주)하야 惹起後人之不信者ㅣ 特其一瑕疵耳라 至於王郎玉娘事하야난 亦可以懲近世鄭衛之風焉이라 何者오 男子난 沈溺於色界而喪心失志하야 流迭而不返者ㅣ 有之하며 至於娼妓之狐媚蠱毒은 尙矣勿論하고 所謂□室妾婦之近世行爲가 有朝逢而夕散者하고 東響而西應者하야 百般醜態라 萬般요정(妖精?－인용자주)□ 有不可以人類로 稱焉者라 然則與狗彘之相狎相散으로 同一流也로대 如王郎者난 一朝回棹하야 成天下之事業하고 玉娘은 誤落青樓하야 一心秉節하고 誓死不違하야 竟成天下之名節하니 足使今世丈夫之軟腸(과?－인용자주) 爲妾婦者之薄行者로 一見此龍含玉一通則足可以愧死矣라　此是人世風化之大關係而尤切於近日之最大惡俗故로 揭此龍含玉三十回小說하야 以爲創善懲惡之一大寶箴云爾오 此續載稗官하야 供愛讀者耽玩焉하노라

— 金華山人, 『龍含玉』(제30회), 『大韓日報』, 1906.4.3

기자는 금화산인의 원고를 30회로 개작해서 게재한다고 밝히면서 패관소설이라 독자들이 허황된 이야기로 보고 믿지 않을 수도 있다고 한다. 그럼에도 불구하고 소설을 게재하는 이유는 권선징악과 아울러 근세近世의 '정위지풍鄭衛之風'을 경계하기 위해서라고 한다. 그러면서 최근에 만연하는 가장 큰 악속惡俗 때문에 더욱 절실하다고 강조한다. 고전소설의 보편적 주제인 권선징악보다 '정위지풍'이 더 새로운데 '정위지풍'은 주로 남녀 간의 자유연애를 다룬 춘추전국 시대春秋戰國(기원전 770~기원전 221) 정나라鄭國와 위나라衛國의 시풍詩風을 가리킨다. 즉 기자는 한국 사회에 만연하는 자유연애 풍조를 '정위지풍'에 빗대어 비판하면서 아침에 만났다가 저녁에 헤어지는 자들을 개나 돼지의 만남에

비유하고 있다. 따라서 신문에 연재된 한문체소설은 여성의 사회적 역할이나 권리를 주장하면서도 유교적 가치관을 대표하는 정절을 유난히 강조하고 있다.

일례로 『용함옥』 제14회의 다음 대목을 살펴본다.

> 妾當以死爲節ᄒᆞ고 誓不再媚他人ᄒᆞ리라 龍이 雖知玉娘之節이 堅如金石이로ᄃᆡ 娼母ㅣ 强奪其志則玉必决死而不從ᄒᆞ리니 平生에 恐不得重逢ᄒᆞ야 乃把玉手ᄒᆞ고 泣而告之曰玉娘之誓不他適은 儂非不知로ᄃᆡ 其於主母之强脅에 何哉오 然則必有死而已니 人生一死에 安得復生이리오 以吾所見으로ᄂᆞᆫ 不若降志毁節ᄒᆞ야 以遂他日重逢之約이니 玉娘은 勿爲汎聽ᄒᆞ고 以副至願ᄒᆞ라 玉曰忠不事二어든 烈豈有異리오 若有權術則固不從死라 不必深慮此身이로다
>
> —金華山人, 『龍含玉』(제14회), 『大韓日報』, 1906.3.13

남성 주인공 '용(왕경룡)'은 '옥낭(옥단)'과 이별하면서 오히려 '옥낭'의 굳은 절개를 걱정한다. '옥낭'의 손을 잡고 눈물을 흘리면서 사람은 죽으면 다시 못 만나니 훼절하는 한이 있더라도 살아서 다음번의 만남을 기약하자고 한다. 하지만 '옥낭'은 여자는 두 남편을 섬기지 않는다고 하면서 모든 권술權術을 동원해서 정조를 지킬 것이라고 한다. 실제로 '옥낭'은 정조를 지키기 위해 그녀가 말한 권술로 간접적인 살인까지 한다. 절강 상인 '조 씨'에게 팔려갔을 때 '조 씨'의 '구처'와 이웃집 '무부'를 간통하게 만들며 죽에 독을 넣은 사실을 눈치 채고도 그대로 가져다주어 '조 씨'를 죽게 만든다. 작가는 정조를 지키는 일이라면 살인까지 용납이 되었던 것이다.

『황성신문』에 연재된 『신단공안』도 마찬가지인데 제1화 「미인경변 일명 정남서불재취美人竟拚一命 貞男誓不再娶」는 정조를 지키기 위해 중에게 피살된 '숙낭淑娘'을 통해 여성의 정조뿐만 아니라 남성의 정조도 강조하고 있다.[6] 제2화 「노대낭군유학 자비관음탁몽老大郎君遊學 慈悲觀音托夢」의 여성 주인공 '이 씨'는 중에게 납치되어 극한 상황에 내몰렸는데도 정조를 잃지 않는다. 반면에 제5화 「요경객설재성간 능옥리구관초공妖經客設齋成奸 能獄吏具棺招供」은 바람난 '윤 씨尹氏' 즉 정조를 지키지 않는 '윤 씨'를 아들마저 죽이려는 비정한 엄마로 내몰고 있다. 제6화 「천사약완동령흉 차신어명관착간賤私約頑童逞凶 借神語明官捉奸」도 '취저'를 통해 정조 관념이 없는 여성의 비참한 결말을 제시하고 있다. 이런 의미에서 볼 때 여성은 계몽의 대상이기도 하지만 교화의 대상이기도 한 것이다.

막강한 여성 영웅을 탄생시킨 『여영웅』까지 유교적 교화를 강조하는 대목이 있는데 여성 주인공 '이형경'이 국구國舅 '왕세충王世忠'에게 납치당한 '경 씨耿氏'의 송사를 해결함으로써 세상의 풍교風敎를 바로잡았다고 하면서 덕분에 남녀가 같은 길을 사용하지 않아 문명의 기상氣象을 이루었다고 쓰고 있다.[7] 이처럼 작가는 한 작품에서 남녀평등을 주장하

---

6 "桂巷稗史氏曰河氏之全節也와 許生之全義也여 可謂婦烈夫貞에 兩盡其道로다".(『神斷公案』(제1화), 『皇城新聞』, 1906.5.25)

7 "御史命止之ᄒᆞ고 用花扇掩面而後에 問之曰見夫人이 必是士族이라 有何含寃而若是乎아 耿氏垂淚而對曰妾乃士人劉晏之妻耿氏也라 以內外簪纓之族으로 一入劉門ᄒᆞ야 産出四子ᄒᆞ니 雖被斧鉞之誅나 寧有二三之德이리오 國舅王世忠者ᄂᆞᆫ 恃權自恣ᄒᆞ야 青天白日에 多送僕夫ᄒᆞ야 如是劫辱ᄒᆞ니 一心到此에 固知萬死之甘而恐禍及家夫ᄒᆞ야 忍而受命ᄒᆞ야 決死於世忠府中矣라 若非皇天矜憫이면 寧逢相公於今日乎리오 伏乞閣下ᄂᆞᆫ 快雪賤妾之憤寃ᄒᆞ야 扶□聖世之風敎ᄒᆞ소셔 御史ㅣ 聽罷□勃然大怒ᄒᆞ야 使左右로 盡縛世忠之家丁ᄒᆞ야 送于巡軍獄ᄒᆞ고 慰□耿氏曰將奏皇上ᄒᆞ야 □雪夫人□深耻ᄒᆞ리라 耿氏ㅣ 叩頭拜謝러라 明日朝賀畢에 御史ㅣ 出班奏曰 □은 聞人倫이 有五에 夫婦居中이□ 自古聖帝明王之治天下에 必□正五倫之敎ᄒᆞ야 無貴無賤히 盡知男女居室之大倫이어ᄂᆞᆯ 至於我朝ᄒᆞ야 綱紀悉張而唯一王世忠이

면서도 남녀유별男女有別을 강조하는 아이러니를 연출하고 있다.

1906년도 신문연재 한문체소설은 여성의 정절뿐만 아니라 여성의 효孝도 강조하는데 『신단공안』 제3화 「자모읍단효녀두 악승난도명관수慈母泣斷孝女頭 惡僧難逃明官手」의 '혜낭'은 아버지를 살리기 위해 스스로 목을 졸라 죽을 수도 있다. 그밖에 의義를 강조하는 부분도 있는데 주인공을 위기에서 구출하는 조력자를 의리 있는 인물로 탈바꿈시켰다. 예를 들면 『신단공안』 제3화 「자모읍단효녀두 악승난도명관수慈母泣斷孝女頭 惡僧難逃明官手」의 '이삼랑', 『일념홍』의 '상술자相術者', 『용함옥』의 '황준예黃俊猊' 같은 인물이다. '이삼랑'은 망자의 친구 신분으로 등장하여 피해자에게 소송장을 작성해 주고 '상술자'는 사기꾼으로 등장했다가 스스로 잘못을 뉘우치고 주인공과 형제의 의義를 맺으며,[8] '황준예'는 의협남아義俠男兒로 등장하여 창모娼母의 죄상을 적극 고발[9] 한다. 결론적

恣橫國舅之勢ᄒᆞ고 任肆强暴之毒ᄒᆞ야 劫奪士人劉晏之妻耿氏於白日之下ᄒᆞ니 臣이 以事出外□가 目□其變ᄒᆞ니 傷風敗俗이 莫此爲甚ᄒᆞ기로 臣이 先付家丁於巡獄ᄒᆞ니 伏唯陛下ᄂᆞᆫ 垂察焉ᄒᆞ소셔 昔者薄昭ㅣ 以皇帝之舅로 殺國家之使而致今自死ᄒᆞ야 前漢이 以之興隆ᄒᆞ고 竇憲이 以皇后之兄으로 奪公主之園而不能正其罪ᄒᆞ니 後漢이 以之傾頹라 須以前代興亡으로 爲鑑□ᄒᆞ야 聲罪世忠ᄒᆞ샤 付之法司ᄒᆞ야 以杜外戚專恣之□ᄒᆞ샤 以勵聖明風化之敎則三代之治를 指日可□矣리이다 辭氣激勵ᄒᆞ고 顔色이 □嚴이어ᄂᆞᆯ 滿朝ㅣ 莫不驚憚焉이□라 天子ㅣ 於是에 幷召王世忠及耿氏於前ᄒᆞ야 招問得情ᄒᆞ시고 天怒赫然ᄒᆞ샤 乃削王世忠國舅之職ᄒᆞ시고 籍沒其家ᄒᆞ샤 特賜耿氏于□而歸ᄒᆞ시고 下詔表炯卿之門曰李御史直諫門이라ᄒᆞ니 一時名士ㅣ 莫不嘆服ᄒᆞ니 由是權門屛跡ᄒᆞ고 男女ㅣ 不同路ᄒᆞ야 儼成文明之氣象矣러라".(白雲山人, 『女英雄』(제5회, 續6), 『大韓日報』, 1906.5.15)

8 "且說紅娘이 見押去李郎ᄒᆞ고 方在暈絶中이러니 豈料禍是雙行이리오 黃客이 募集大官家悍僕等數十名ᄒᆞ야 方拘引那佳人ᄒᆞ라ᄒᆞ야 計甚密勿이라 伊時術客이 請見紅娘ᄒᆞ야 備術前事ᄒᆞ고 結兄弟之義ᄒᆞ고 深囑曰事在急迫ᄒᆞ니 我當周旋ᄒᆞ리라ᄒᆞ고".(一鶴散人, 『一捻紅』(제9회), 1906.2.8)

9 "御史ㅣ 按獄旣斷ᄒᆞ고 放送玉檀等干連人ᄒᆞᆫ딕 干連人中名爲黃俊猊者ㅣ 以趙賈之比隣으로 □被拘囚나 本是義俠男兒라 熟知玉檀之見賣於商嫗가 出於娼母之奸謀ᄒᆞ고 (…중략…) 訴曰此獄이 雖已明斷이나 但除其惡草而不除其根이면 必將復害嘉禾瑞草矣리니 當初玉檀之見瞞於商嫗ᄒᆞ야 惹起一大疑案者ᄂᆞᆫ 出於娼母之奸計也니 今若不除其惡이면 其害不去라 願治其娼母商嫗ᄒᆞ야 以除其根焉ᄒᆞ소셔".(金華山人, 『龍含玉』(제22회), 1906.3.23)

으로 1906년도 신문연재 한문체소설은 유교적 교화를 통해 사회 풍속을 개량하고 이상정치를 구현하려고 하였다.

그렇다면 소설 장르를 선택한 것이 문제이다. 허황된 이야기로 결코 유교적 가치관을 주장할 수는 없는 노릇이다. 따라서 한문체소설의 작가층은 무엇보다도 소설의 사실성을 강조해야 하는데 이는 곧 '실록정신'을 가장 중요시하는 '사전' 전통의 계승을 의미한다. 그 노력으로 소설의 시간적 배경을 구체적으로 밝힌다든지 실제 인물과 지명을 등장시킨다든지 하는 것이 있다. 조력자로 등장하는 인물의 이미지 변신[10]도 그중의 하나로 볼 수 있다.

한문체소설의 작가층은 유학자의 입장을 대변하고 있다. 한문체소설의 부흥도 그들이 숭상하는 '문이재도'가 당대 혼란스러운 현실을 만난 것과 무관하지 않다. 따라서 소설을 창작함에 있어 '사전'의 전통을 비판적으로 계승하는 것이 가장 용이한 선택이 될 수밖에 없다. 장지연의 『애국부인전』 같은 역사・전기류 소설이 근대전환기 신문에 대거 등장한 것도 이러한 사실을 잘 입증한다. 하지만 대신 미학적 허구성이 결여되어 소설 자체의 발전은 한계에 봉착할 수밖에 없다.

10 전통소설에서 등장하는 조력자는 흔히 비범한 능력을 소유한 신적인 존재임.

3. 작가층의 딜레마와 독자층의 한계

근대전환기 사회와 언론의 주류계층은 여전히 유학 기반의 한문세대이며, 유학과 한문은 이 집단의 정체성을 의미하기도 한다. 한국의 근대화 과정에서 유학은 끈질긴 생명력을 과시하고 있다. '위정척사파'는 정통유학의 입장을 고수하면서 조선의 근대화를 반대하고 '동도서기론'의 전통을 이어받은 유학자들은 유교를 근대종교로 개혁하고자 노력하였다. 심지어 박은식, 신채호, 장지연 같은 애국계몽론자들조차 유학의 전통을 비판적으로 계승할 것을 주장하며 유교의 근대화를 꾀하였다. 『황성신문』이 제시한 근대적 개혁을 보더라도 교육의 근대화에 있어서 서학의 적극적인 수용을 통한 전문성 있는 근대적 인재의 양성을 주장하면서도 그 정당성은 이용후생利用厚生, 격물치지格物致知 등의 전통적인 개념에서 찾고, 또한 상공업의 발달을 주장하면서도 여전히 농본주의의 생각에서 크게 벗어나지 못했으며, 법률에 의한 개인의 보호를 주장하면서도 개인의 권리를 천부인권이나 주권재민으로 정당화시키지는 못하는 등 유교적 기반을 버리지 않는 한에서 최대한의 개혁적이고 근대적이었다.[11] 그러나 이러한 개혁은 한국의 현실적인 위기를 타개하기에는 역부족이었으며, 러일전쟁에서 승리한 일본이 한국을 본격적으로 식민지화하기 위해 통감부를 설치함에 따라 한국은 정치적으로 더욱 궁지에 몰리게 되고 한문세대들은 실존적 고민을 하지 않을 수가 없었다.

---

11 김동노, 「대한제국기 황성신문에 나타난 근대적 개혁관」, 『사회와 역사』 69, 한국사회사학회, 2006, 150쪽.

일찍 동도서기론東道西器論의 입장에 섰던 김윤식은 '개화지설'을 다음과 같이 비판하고 있다.

> 나는 일찍이 개화지설開化之說을 매우 이상하게 여겼다. 무릇 개화란 변방의 미개족이 거친 풍속을 구주歐洲의 풍속처럼 점차 고쳐 나가는 것을 말한다. 우리 동토東土는 문명의 땅인데 어찌 다시 개화하겠는가?

김윤식의 위 말은 당대 지식인의 보편적인 인식을 대변한다는 점에서 여러모로 의미심장하다. '동도東道'에 대한 자부심은 한결같으나 현실적인 좌절감 때문에 '서기西器'를 외면할 수 없고 급기야 '동도'에 대한 비판과 '서도西道'에 대한 관심에 이르기까지 그 과정에서 김윤식을 비롯한 당대 지식인들은 딜레마에 빠질 수밖에 없었다.

마찬가지로 1906년도 신문연재 한문체소설의 작가층도 실존적 고민을 할 수밖에 없는데 소설에 그러한 고민이 고스란히 담겨 있다. 특히 『대한일보』에 연재된 소설이 그러한데 『용함옥』의 여성 주인공 '옥단'은 남만을 평정하는 능력을 지녔음에도 남성 주인공의 정실正室이 되지 못한다. 비천한 기생 출신 때문이다. 『일념홍』의 여성 주인공은 해외 유학을 다녀온 후 국내에서 실업과 여성 교육에 종사하는 선구자로 묘사되었다. 하지만 작가는 결말에서 남성 주인공은 도승道僧 '원월圓月'의 전생轉生, '일념홍'은 모란꽃의 화신化身으로 만들고 있다. 『여영웅』의 주인공 '이형경'의 정체성은 더욱 혼란스럽다. 작가는 '이형경'이 세운 '상서도국'을 통해 한국의 근대화를 모색하면서도 '상서도국'을 명나라 질서에 편입시키고 있다. 한편 '이형경'은 남녀차별을 인식하고 스스로 남장해서 사회로 진출하고 또 해외로 탈출해서 공을 이루지만 말년에는 또 기존의 질서로 회귀하려는 염원을 드러내기도 한다. 즉 소설에서 '이형경'은 기존 질서의 수호자와 파괴자 역할을 모두 담당하고 있으며 정체성은 혼란스럽기만 하다.

『황성신문』에 연재된 『신단공안』 제7화를 보더라도 주인공 '어복손'의 정체성은 혼란스럽기 짝이 없다. 작가는 시대적 분위기에 맞춰 주인공 '어복손'을 강한 속량의지를 드러내는 인물로 설정하고 '어복손'의 입장에서 조선의 노비제도蓄奴制度를 비판하고 있다.[12] 반면에 중세적 질서를 끝까지 고수하려고 하는 '오 진사' 같은 양반들을 매우 어리석게 묘사함으로써 파멸을 자초하게 만들고 있다.[13] 하지만 문제는 '어복손'이 속량하는 과정인데 그 과정에 '어복손'은 부녀자 겁탈에 살인까지 저지른다. 따라서 '오 진사'와 똑같이 비참한 결말을 맞이하는데 그런 의미에서 '어복손'의 정체성 또한 독자들을 매우 혼란스럽게 만든다.

결론적으로 1906년도 신문연재 한문체소설의 작가층은 유교적 가치관과 서구적 질서 사이에서 흔들리는 모습을 자주 연출하는데 이는 그들의 딜레마이기도 하다.

---

12 "聽泉子曰蓄奴婢는 是東方惡習이니 是固不可不立法禁斷이라 今觀於吳氏家事에 尤可悚然이로다".(『神斷公案』(제7화), 『皇城新聞』, 1906.10.10)

13 稗史氏曰吳進士之驅家葬龍宮一節은 何其不近人情之甚也오 使水中而果有龍宮ᄒᆞ고 使魚福孫而果已顯達於此라도 必不肯爲吳進士之薦主오 豈惟不肯爲薦主哉아 必將殺之之而不惜이니 此는 三尺小童之所可斷得者어늘 何吳進士之昧劣如此오 噫라 吾知之矣로다 昔에 明末劇盜張獻忠은 是一日不見人血ᄒᆞ며 卽鬱鬱終日者也라 世傳其據蜀稱帝之後에 一朝所誅殺이 常至數百人이로ᄃᆡ 猶以爲未快ᄒᆞ야 乃詐發科令ᄒᆞᆫᄃᆡ 縫掖而來集者ㅣ 數萬人이라 遂盡殺之ᄒᆞ고 又三日에 發科令ᄒᆞ야 又如是ᄒᆞ며 又五日에 發科令ᄒᆞ야 又如是ᄒᆞ니 凡三屠而士三集이라 嗚呼라 科宦之毒人也여 一不得則熱中ᄒᆞ고 再不得則發狂ᄒᆞ야 發狂之極에는 有誘之者曰科宦이 在水火鼎鑊이라ᄒᆞ야도 猶將趨之焉ᄒᆞᄂᆞ 其誰謂吳進士ㅣ 獨愚며 其誰謂吳進士ㅣ 獨狂고(『神斷公案』(제7화), 『皇城新聞』, 1906.12.28)

그럼 아래 1906년도 신문연재 한문체소설의 독자층을 살펴보기로 한다. 『황성신문』은 신문의 독자층을 연구하는 데 매우 좋은 단서를 제공해 주고 있다. 심각한 경영난에 시달린 『황성신문』은 신문의 구독료를 징수하기 위해 여러 차례 독자들에게 호소하는 특별광고[14]를 게재하며, 그것도 효과가 없자 급기야 '문명록文明錄'까지 만들어 구독료를 납부한 독자는 문명인으로 광고하겠다고 하면서 실제로 구독료를 납부한 독자의 성명과 납부금액을 1906년 8월 2일부터 밝힌 것이다.[15] '문명록'에 처음 수록된 인물은 모두 4명으로 그중의 3명은 직함이 있다. 첫

---

14 "本新聞社는 原來營業만 爲主홈이아니오나 購覽諸君子가 新聞價金을 迅速傳送ᄒᆞ와야 每日紙墨郵料等各種經費를 補充ᄒᆞ야 無滯發刊ᄒᆞ옵거늘 京外地方에 購覽ᄒᆞ시ᄂᆞᆫ 諸員씌셔 新聞價金을 于今七八年來로 全不送致ᄒᆞᆫ 人이 甚多ᄒᆞ고 其他多數積滯ᄒᆞᆫ 人은 十至八九오니 本社에셔 財政을 從何措辦ᄒᆞ야 經費를 支撥ᄒᆞ오릿가 況又通信院이 廢止ᄒᆞᆫ 以來로ᄂᆞᆫ 外方에 發送ᄒᆞᄂᆞᆫ 郵票價金을 逐日貿用ᄒᆞ오니 一日이라도 郵票를 未買ᄒᆞ오면 發送치못ᄒᆞᆯ 境遇오며 一日이라도 紙墨을 未備ᄒᆞ오며 發刊치못ᄒᆞᆯ 事情이온바 一自昨冬撤刊以後로 多大ᄒᆞᆫ 損害를 被ᄒᆞ옵고 兼ᄒᆞ와 新聞價金을 全然히 收入이 絶無ᄒᆞ와 現今財政窘絀이 一層尤甚ᄒᆞ와 幾乎停止ᄒᆞᆯ 急境에 至ᄒᆞ왓삽기 不得已玆에 廣告ᄒᆞ오니 伏願愛讀ᄒᆞ시ᄂᆞᆫ 諸君子씌셔ᄂᆞᆫ 勿論京鄕ᄒᆞ고 多年積滯ᄒᆞᆫ 本新聞價金을 一一刻日送付ᄒᆞ시와 俾免臨時停廢之境케ᄒᆞ심을 千望伏望".(「特別廣告」, 『皇城新聞』, 1906.3.13)

15 "古今東西洋을 勿論하고 文明ᄒᆞᆫ 人은 凡百事爲를 因하야 他人과 交涉ᄂᆞᆫ딕 信을 確守하야 物件與受와 言語交際에 時日을 無違ᄒᆞ고 分明히아니하ᄂᆞᆫ 事이 無ᄒᆞᆫ 中財政相關에ᄂᆞᆫ 其人의 行爲心性에 善惡을 推測키 易하야 尤極分明히하나니 故로 古語에 云하되 財上分明大丈夫라하얏고 野昧鄙陋ᄒᆞᆫ 人은 人의 物과 財를 但知貪取하고 不知報償ᄒᆞ며 賢明을 猜하고 奸譎을 逞하야 日事欺僞에 虛言狂行이 一無準約하고 全然失信하ᄂᆞᆫ 故로 如此之人을 謂之土蕃野蠻이라하나니 所以로 本新聞이 擔負我同胞之文明하고 刱刊以來八九年之間에 日事以揚善懲惡하야 勸之導之에 使我二千萬文明之人터니 嗚呼라 事與心違하고 時不人合하야 竟使此報로 將至停廢케하니 大抵京鄕各地에 未收價額이 略爲一萬五六千元이니 有此夥額하되 撤此報紙가 可乎아 以新聞價速傳之意로 本報廣告가 非止一再로되 一向愆滯하야 竟至此境케하니 究其事由하면 本記者之嘔血痛哭은 姑捨하고 使聞知者로 豈不痛哭哉아 民國事情을 回想하니 積憤蘊懷가 與山高水長이언마은 不暇盡述하고 略陳廣佈하오니 惟願本新聞購覽하시ᄂᆞᆫ 僉君子ᄂᆞᆫ 無論京鄕官民하고 回垂厚恩하야 陽曆今八月三十日以內로 所滯價額을 沒數送致하시면 這間一朔經費ᄂᆞᆫ 本記者ㅣ 雖自賣此身이라도 期於自擔하야 無替連刊케ᄒᆞᆯ 것이오 八月三十日以後發刊은 惟在於購覽諸君子하오니 勿爲泛看而垂諒하시와 速速送致하심을 千萬千萬".(「特別廣告(新聞價를 速傳하시ᄂᆞᆫ 人은 文明之人으로 廣告하깃삽)」, 『皇城新聞』, 1906.8.1)

번째는 부장部將 윤웅렬 씨尹雄烈氏인데 그는 윤치호尹致昊의 아버지로 조선 말기 무신, 개화파 정치인이자 계몽 운동가이기도 하다. 두 번째는 전북관찰사全北觀察使 한진창 씨韓鎭昌氏로 역시 조선 말기 문신이다. 세 번째는 진천군수鎭川郡守 이탁응 씨李鐸應氏이다. 납부금액을 보면 부장 윤웅렬 씨는 여섯 달치를 선불하여 3원 45전을 지불하고 진천군수 이탁응 씨는 향장, 서기와 함께 4원 32전을 납부하였으며, 전북관찰사 한진창 씨는 무려 100원을 지불하였다. 『황성신문』 한 달 치 구독료가 35전, 1년 치 구독료가 3원 90전임을 감안할 때 100원은 거금에 해당하는 금액으로 그가 『황성신문』의 열렬한 구독자와 후원자임을 알 수 있다. 그 후에도 대한제국과 일제강점기에 군수 같은 관직에 몸을 담은 독자가 문명인으로 꾸준히 광고되었다. 특히 1907년 2월 21일 자 『황성신문』에 게재된 '특고십삼도관찰사特告十三道觀察使'[16]라는 글을 통해 『황성신문』은 여러 관청에서 모두 구독하는 관보官報 비슷한 역할을 하고 있음을 알 수 있으며, 유학자 계층이 주요 독자이고 그밖에 한문 구독이 가능한 식자층도 다수 포함되었음을 확인할 수 있다.

그렇다고 해서 여성 독자가 없는 것은 아니다. 『황성신문』은 『신단공안』 제1화를 연재하기 나흘 전인 5월 15일 자 신문에 여성 독자의 기서寄書를 게재하면서 이름을 신낭자申娘子로 밝히고 있다. 제목은 「女子教育이 不可無」이며 글에서 신낭자는 여성 교육의 필요성과 남녀평등을 역설[17]

16 "各道에셔 本新聞價를 一直愆滯에 如左夥多하와 許多經用을 支撥無路에 本報를 將至停撤之境이온 故로 金額을 左開特告하오니 來三月(陽曆)三十日以內로 沒數刷勘하시오 如干塞責이나 하고 準數淸帳치아니하시와 若過右限하시는 道에는 損害賠金을 徵受홀터이니 各道觀察使閣下는 此告를 特別注意하심을 爲要".(「特告十三道觀察使」, 『皇城新聞』, 1906.2.21)

17 "現今國內學校가 次第發起호되 至於女子敎育ᄒᆞ야는 尙此寥寥無聞홈은 誠所慨歎也로다 豈舊習之錮閉가 尙未開歟아 時化之遷轉이 尙未至歟아 盖男女教育이 俱不可無로되 女子教育

하였다. 심지어 '문명록'에서도 여성 독자를 확인할 수 있는데 1906년 8월 14일 자 '문명록'에 '김소사金召史'라는 여성 독자가 등장하며 납부 금액은 50전으로 되어 있다. 과거 '소사'는 흔히 양가良家의 아내나 성姓 아래 붙여 과부를 점잖게 부르는 데 사용되었는데 이름 뒤에 씨氏를 붙이

이 尤爲必要於男子之敎育이거늘 或人이 妄論ᄒᆞ되 男子의 敎育도 未備커던 奚暇에 女子敎育에 着手ᄒᆞ리오ᄒᆞ거ᄂᆞ 男子만 敎育ᄒᆞ야도 已足ᄒᆞ거늘 何故로 女子敎育에 注意ᄒᆞ리오ᄒᆞᄂᆞ니 是不唯不通於進化之時機라 抑亦全昧於上天生人之原理者乎힌저 天有陰陽ᄒᆞ고 人有男女ᄒᆞ니 陰陽男女ᄂᆞᆫ 明明是對耦之義오 非有高下優劣之殊也ㅣ라 上天이 無私ᄒᆞ시니 豈欲男貴而女賤哉며 亦豈欲男賢而女愚哉리오 我國之俗은 自來로 女子之禁錮가 殊甚ᄒᆞ야 隣里之出入도 不許ᄒᆞ고 人族之交際도 不通ᄒᆞ고셔 至於紡紝之勞와 井臼之苦와 汲水爨火瑣小之賤役ᄒᆞ야ᄂᆞᆫ 一一責之於女子身上ᄒᆞ고 至於讀書學問之工ᄭᆞ지 一切禁止ᄒᆞ야 其天賦之聰明도 不得自用케ᄒᆞ니 嗟乎라 男子도 人也오 女子도 人也니 虐待女子가 胡至此極也오 男子之生은 何人으로 自ᄒᆞ얏ᄂᆞᆫ지 思ᄒᆞᆯ지어다 女子敎育에 反對者가 言ᄒᆞ되 女子가 學問이 有ᄒᆞ거나 出入防限을 開ᄒᆞ던지ᄒᆞ면 淫詞小說에 心懷가 易蕩이오 春風秋月에 淫奔을 難制라ᄒᆞ야 往來出入은 姑舍ᄒᆞ고 男子讀書에 聰慧女子之從傍竊聽도 不許ᄒᆞ며 甚者ᄂᆞᆫ 長年兄弟之並坐도 不可타ᄒᆞ야 雖其心地光明ᄒᆞᆫ 貞婦烈女라도 人之疑之ᄂᆞᆫ 已與娼妓淫女로 一般이니 此皆理外之事也오 且慮其末弊之或然ᄒᆞ야 先防敎化之大源ᄒᆞ니 其亦不仁之甚哉힌셔 泰西文明諸國은 男女子無論ᄒᆞ고 其享有之權利와 沾受之敎育에 草不認之以同等ᄒᆞᆷ이 非獨有見於眞理之當然이라 其於開發民智에 實爲最大關鍵이니 有學校而無女學이면 豈知敎育之本者哉아 斯人之生이 其未生以前에 在母之腹者ㅣ十朔이오 旣生以後에 在母之懷者ㅣ三年이오 成長以前에 在母之背ᄒᆞ며 在母之膝者ㅣ亦復幾年인 故로 人之於其母에 最易相肖ᄒᆞ야 容貌之姸醜도 易肖其母오 性情之仁悍도 易肖其母오 言語之鈍捷과 品行之邪正도 易肖其母ㅣ니 效他人則甚難이로ᄃᆡ 肖其母則甚易ᄂᆞᆫ 其故ㅣ何由오 盖提携抱持ᄒᆞ고 啼呼索乳ᄒᆞ야 不暫相離之中에 與之默化而不自知也어ᄂᆞᆯ 欲人子之母邪母僻而不先敎其爲母者ᄒᆞ니 是猶欲鷄兒之母啄而狗兒之母嚼也ㅣ니 雖囂囂然終日隨其後而告之ᄒᆞ더ᄅᆡ도 豈可得也리오 太姒之胎敎와 孟母之三遷으로 推想컨ᄃᆡ 古時女子ᄂᆞᆫ 必有學問之功이니 不然이면 敎子之法이 焉能如此리오 婦人愛子之心을 較諸丈夫에 十倍尤切이언마ᄂᆞᆫ 究其愛子之功效ᄒᆞ면 不過曰多與飮食ᄒᆞ야 喘息이 不穩ᄒᆞ고 父母兄弟에게 戱謔이나 敎導ᄒᆞᆷ으로 他日無禮之習만 滋長케ᄒᆞ나니 婦人愛子之心은 如彼효ᄃᆡ 愛子之效ᄂᆞᆫ 如此ᄒᆞᆫ 故로 寡婦之子어던 勿與爲友ᄒᆞ란 句語가 載在傳記ᄒᆞ얏스니 因其母之不受敎育ᄒᆞ야 幷其子而棄之코져ᄒᆞᆷ이 可乎아 因其子之易失敎育ᄒᆞ야 幷其母而敎之코져ᄒᆞᆷ이 可乎아 仁人君子ᄂᆞᆫ 其三反以思之어다 嗚呼라 當此比較競爭之時代ᄒᆞ야 雖尋常日用之物이라도 當思軼過他人이어던 況此女子ᄂᆞᆫ 即國家人口之半而歸之無用之廢物ᄒᆞ니 是ᄂᆞᆫ 我國이 雖有二千萬人口而其實은 不滿一千萬也오 且由女子之不受敎育ᄒᆞ야 家庭敎育이 既致隳壞ᄒᆞᆷ으로 習與性成에 猝難遽變於他日ᄒᆞ야 男子之不受敎育者ㅣ甚多ᄒᆞ니 是ᄂᆞᆫ 一千萬人之中에 亦欠了幾百萬也ㅣ니 苟有志於維持國家ᄒᆞ고 保護人種인ᄃᆡ 女子敎育이 豈非當今之急先務乎아 女會女學之次第發起를 吾方拭目待之也로다".(申娘子, 「女子敎育이 不可無」, 『皇城新聞』, 1906.5.15)

지 않은 것을 보더라도 '김소사'는 여성 독자임이 분명하다. 1907년 2월 15일 자 '문명록'과 1907년 7월 11일 자 '문명록'에 같은 이름이 다시 등장하는데 납부금액은 1원 5전과 3원 50전으로 되어 있다. 그밖에 『황성신문』 1907년 5월 2일 자 광고에는 『황성신문』의 신진부新進部에서 활동하고 있는 정소사鄭召史라는 여성인물이 광고되어 있다. 구체적인 역할을 확인할 수 없지만 『황성신문』의 독자임은 분명하다. 또한 여성과 관련된 여성학교, 부인회 등 기사가 꾸준히 등장하는 것으로 보아 『황성신문』은 일정한 여성 독자도 확보하고 있음을 알 수 있다. 한문체소설에 등장하는 여성 교육 및 계몽 관련 내용도 여성 독자를 확보하는 데 일조하였을 것이다.

그러나 한문체소설의 주요 독자층은 여전히 남성이며 유학에 기반을 둔 사대부 계층이다. 다시 말하면 한문체소설은 유교적 이념에서 자유로울 수가 없다는 뜻이다. 따라서 『신단공안』은 여성의 사회적 지위나 역할 등 문제의식을 드러내면서도 여성 주인공은 정조를 잃으면 안 되었고 『여영웅』은 남녀차별을 반대하면서도 남성 중심의 질서(명나라)를 쉽게 부정하지는 못하였다. 한편 소설에 대한 사대부 계층의 부정적인 인식을 개선하기 위해 꾸준히 사실성을 강조해야 했는데 한문체소설의 진화에 걸림돌이 될 수밖에 없었다. 게다가 한문폐지론의 대두, 국내외 절박한 정치적 현실과 함께 한문은 한국이 정치적・문화적 독립을 쟁취하기 위해서는 반드시 폐지되어야 할 대상이 되어 한문세대도 더 이상 한문의 전통을 이어갈 현실적인 역량이 부족하였다.

/ 제5장 /

근대전환기 한문체소설의 진화와 한계

본고는 1906년도 신문연재 한문체소설을 보다 객관적으로 조명해보고자 하는 목적에서 『황성신문』과 『대한일보』에 연재된 소설을 연구대상으로 삼아 분석을 진행하였다. 본문의 논의를 요약하면 다음과 같다.

첫째, 1906년도 신문연재 한문체소설은 중국 의화본소설을 많이 번안하였다. 이는 내용과 형식면에서 의화본소설이 갖고 있는 일련의 특징이 당대 작가층과 독자층의 기대에 가장 잘 부응할 수 있는 장르임을 설명한다. 따라서 1906년도 신문연재 한문체소설 작가들이 중국 의화본소설을 어떻게 창조적으로 재구성했는지를 밝히는 작업이 가장 중요한데 다음과 같은 몇 가지 결론을 얻을 수 있었다.

① '제목題目', 편수篇首, '입화入話', '두회頭回', '본문正話', '결말結尾' 등 6개 부분으로 구성된 의화본소설의 전통적인 구조를 재배치하고 있다. 소설 자체, 즉 '본문'에 집중하기 위하여 '편수', '입화', '두회' 부분에 해당되는 내용을 모두 외면하였다. 특히 본문에서 중요한 서사적 기

능을 하는 삽입시詩를 모두 삭제하였는데 1906년도 신문연재 한문체소설이 삽입시의 기능을 대체할 수 있는 소설적 장치가 마련되었음을 의미한다. 『황성신문』에 연재된 『신단공안』은 평자의 빈번한 개입을 통해 이야기의 사실성을 강조하면서 비평과 아울러 독자와 소통하는 모습을 보여주고 있다. 한편 사건 발생, 소송, 사건 심리, 판결의 순서로 구성된 송사계열의 작품을 번안할 때 작가는 사건 발생 부분에 많은 분량을 할애하였는데 이는 소설의 개연성을 확보하기 위해서이다.

② 의화본소설을 번안하면서 등장인물에 변화를 주고 있다. 『신단공안』의 여러 편의 작품에서 주인공의 신분이 상승한 사례를 확인할 수 있는데 1906년도 신문연재 한문체소설의 작가층과 독자층이 주로 양반·유생으로 구성되었다는 점을 감안해야 한다. 따라서 유교적 이념을 강조하기 위해 소설의 등장인물을 효와 충을 대변하는 인물로 전형화하고 있다. 추가인물 역시 주인에게 충성을 다하거나 붕우朋友의 신의를 지키는 인물로 설정하였다. 『대한일보』에 연재된 『용함옥』의 여성 주인공은 비록 기생 신분이지만 남성보다 뛰어난 능력의 소유자이며 남성의 위기를 해소하는 역할을 수행하고 있다.

③ 의화본소설을 번안하면서 부플롯을 추가하거나 플롯에 변화를 주면서 작품성을 획득하고 있다. 『신단공안』 제1화, 제2화, 제3화를 볼 때 작가는 사건 발생 부분에 신경을 가장 많이 쓰고 있는데 의도는 매우 분명하다. 즉 전통 송사소설의 우연에 의한 스토리전개를 적절한 플롯 추가와 구성을 통해 현실성과 필연성을 갖춘 소설로 새롭게 탄생시키고 있는 것이다. 『대한일보』에 연재된 『용함옥』도 여성의 역할을 강조하기 위해 플롯을 새롭게 구성하거나 부플롯을 추가하고 있다. 특히 여성

주인공은 정조를 지키기 위해 사건 발생에 적극적으로 개입하고 있다.

둘째, 1906년도 신문연재 한문체소설은 양식적인 면에서 새로운 변화를 보여주고 있다. 본문에서는 서사공간, 서사적 시간, 서사구조 3개 부분으로 나누어 고찰하였으며 논의를 정리하면 다음과 같다.

① 1906년도 신문연재 한문체소설은 서사적 공간을 주인공의 해외 진출과 함께 크게 국내와 해외 두 개 현실적인 공간의 대립으로 설정하였다. 『일념홍』 같은 경우 국내 공간은 개화의 대상이고 해외 공간은 개화된 공간 즉 선망의 대상이다. 『여영웅』은 '살마이도'라는 제3의 공간을 개척하였는데 유교적 근대화를 보여주는 공간으로 정의할 수 있으며, 작가는 '살마이도'에서 왕도정치를 바탕으로 하는 이상사회를 구현함으로써 현실적인 위기를 타개하고 자주독립국가로 나아갈 수 있는 대안을 나름대로 제시하고 있다.

② 1906년도 신문연재 한문체소설의 서사적 시간을 검토하면 신소설과 마찬가지로 장면묘사를 많이 의식하고 있어 '이야기된 시간'과 '이야기(하는) 시간'이 일치하는 경우를 종종 찾아볼 수 있다. 또한 본문 중간중간에 서술의 역전이 이루어지는데 평자(또는 편집자)도 이 부분의 창작기교를 가장 높이 평가하고 있다. 일례로 『신단공안』 제7화에서 '일지홍'은 3년 후에 찾아온 '어복손'에게 술과 차를 대접하는데 이 부분에서 평자는 '일지홍'이 술을 내오는 과정을 먼저 쓰지 않고 '어복손'이 술을 마시는 것부터 씀으로서 크게 글자 수를 줄였다고 비평하였다. 결론적으로 작가는 전傳이라는 가장 친숙한 형식을 빌려 이야기를 재구성하고 있지만 서사적 시간을 비교적 유연하게 구성함으로써 한문체소설의 발전 가능성을 보여준다.

③ 1906년도 신문연재 한문체소설은 다양한 시점을 확보하기 위해 노력하였으며 이를 통해 고전소설의 전지적 시점을 극복하고 소설의 사실성을 확보하고자 하였다. 일례로 『신단공안』 제7화에서 작가는 '어복손'이 황소 한 마리 사오는 일화와 유생들의 짐을 갈취하는 일화는 손님那客의 입을 통해 묘사함으로써 일정한 거리를 유지하고 있다.

셋째, 주제적인 측면에서 1906년도 신문연재 한문체소설을 고찰한 결과 『황성신문』은 『신단공안』을 통해 유교적 교화논리를 펼치고 『대한일보』는 3편의 소설의 소설을 통해 여성 문제의식을 강하게 드러냈다.

① 『황성신문』에 연재된 『신단공안』은 여성의 불평등한 사회적 지위에 조심스럽게 접근하고 『대한일보』에 연재된 3편의 소설은 여성의 사회적 역할과 아울러 남녀차별과 남녀평등을 부각하였다. 특히 『대한일보』는 한문체소설을 통해 여성 문제를 강조하면서 그것을 한국사회의 근대화 또는 문명화와 직결하고 있다. 결론적으로 『황성신문』과 『대한일보』에 연재된 한문체소설의 계몽의 논리는 여성 문제로 귀결되며 그것을 풀어가는 과정에 일정한 소설적 자유까지 수확하고 있다.

② 1906년도 신문연재 한문체소설의 작가층은 유학자의 입장을 대변하고 있다. 따라서 소설을 통해 유교적 이념을 강조하고 있으며 유교적 교화를 통해 사회 풍속을 개량하고 이상정치를 구현하려고 하였다. 한문체소설의 부흥도 그들이 숭상하는 '문이재도'가 당대 혼란스러운 현실을 만난 것과 무관하지 않다. 따라서 소설을 창작함에 있어 '사전'의 전통을 비판적으로 계승하는 것이 가장 용이한 선택이 되었다.

③ 근대전환기 사회와 언론의 주류계층은 여전히 유학 기반의 한문세대이며, 유학과 한문은 이 집단의 정체성을 의미하기도 한다. 하지만 근

대로 진입하면서 유학과 한문은 동시에 좌절을 겪게 되며 한문세대는 당면한 위기에서 실존적 고민을 하지 않을 수 없었다. 1906년도 신문연재 한문체소설의 작가층도 마찬가지인데 소설에서 유교적 이념과 서구문명을 함께 다루면서 주인공의 정체성은 모호하기 짝이 없다. 다시 말하면 유교적 가치관과 서구적 질서 사이에서 흔들리는 모습을 자주 연출하는데 이는 그들의 딜레마이기도 하다.

한편 한문체소설의 주요 독자층은 여전히 남성이며 유학에 기반을 둔 사대부 계층이다. 따라서 한문체소설은 유교적 이념에서 자유로울 수가 없었는데 예를 들면 『신단공안』은 여성의 사회적 지위나 역할 등 문제의식을 드러내면서도 여성 주인공은 정조를 잃으면 안 되었고 『여영웅』은 남녀차별을 반대하면서도 남성 중심의 질서(명나라)를 쉽게 부정하지 못하는 아이러니를 연출하고 있다. 뿐만 아니라 소설에 대한 사대부 계층의 부정적인 인식을 개선하기 위해 꾸준히 사실성을 강조해야 했는데 한문체소설의 진화에 걸림돌이 될 수밖에 없었다.

결론적으로 한국 근대소설의 형성과정을 밝히기 위해서는 신소설과 함께 한문체소설을 반드시 다뤄야 하며 그런 의미에서 한문체소설의 문학사적 위치를 재정립할 필요가 있다.

참고문헌

1. 기본자료

一鶴散人, 『一捻紅』, 『大韓日報』, 1906.1.23~2.18.

金華山人, 『龍含玉』, 『大韓日報』, 1906.2.23~4.3.

白雲山人, 『女英雄』, 『大韓日報』, 1906.4.5~8.29.

『神斷公案』, 『皇城新聞』, 1906.5.19~12.31.

신해진 역주, 『왕경룡전 · 용함옥』, 역락, 2016.

한기형, 정환국 역주, 『역주 신단공안』, 창비, 2007.

조용호, 『여영웅－바다로 나간 최초의 여성영웅 이야기』, 민속원, 2012.

馮夢龍, 韓欣 主編, 『名家批点馮夢龍三言』, 天津古籍出版社, 2010.

凌濛初, 即空觀主人 評点, 『即空觀主人批点二拍』, 天津古籍出版社, 2010.

2. 학술지 논문

강명관, 「한문폐지론과 애국계몽기의 국 · 한문논쟁」, 『한국한문학연구』 8, 한국한문학회, 1985.

김경미, 「淫詞小說의 수용과 19세기 한문소설의 변화－『금병매』를 중심으로」, 『고전문학연구』 25, 한국고전문학회, 2004.

김동노, 「대한제국기 황성신문에 나타난 근대적 개혁관」, 『사회와 역사』 69, 한국사회사학회, 2006.

권영민, 「開花期의 小說觀과 新小說의 變貌樣相」, 『冠岳語文硏究』(第1輯), 서울대 국어국문학과, 1976.

______, 「신소설 일념홍의 정체」, 『문학사상』(6월호), 문학사상사, 1997.

______, 「신소설과 조선 보호론의 실체－『一捻紅』과 『血의淚』의 경우」, 『한국 개화 기소설 연구』, 태학사, 2000.

______, 「신소설의 문학사적 성격 재론」, 『인문학연구』 17, 경희대 인문학연구소, 2010.

김영민, 「동서양 근대 소설의 발생과 그 특질 비교 연구」, 『현대문학의 연구』 21, 한국문학연구학회, 2003.

______, 「서구문화의 수용과 한국 근대문학」, 『동방학지』 120, 한국문학연구학회, 연세대 국학연구원, 2003.

______, 「근대계몽기 신문의 문체와 한글 소설의 정착 과정」, 『현대문학의 연구』 22, 한국문학연구학회, 2004.
______, 「1910년대 신문의 역할과 근대소설의 정착 과정－『매일신보』를 중심으로」, 『현대문학의 연구』 25, 한국문학연구학회, 2005.
______, 「구한말 일본인 발행 신문과 한국의 근대소설－『漢城申報』를 중심으로」, 『현대문학의 연구』 30, 한국문학연구학회, 2006.
______, 「한국의 근대 신문과 근대 소설」, 『현대소설연구』 29, 한국현대소설학회, 2006.
______, 「근대적 문학제도의 탄생과 근대문학 지형도의 변화(1)－잡보 및 소설란의 정착과정」, 『사이間SAI』 5, 국제한국문학문화학회, 2008.
김윤규, 「一捻紅의 문학사적 성격」, 『문화와 융합』 11, 한국문화융합학회, 1990.
김일렬, 「漢文小說의 讀者」, 『어문론총』 24, 경북어문연구회, 1990.
김재환, 「朝鮮朝 後期小說에 나타난 身分動向」, 『새얼어문논집』 2, 새얼어문학회, 1986.
김종훈, 「근대계몽기 단형 서사 삽입 시가 연구－「향객담화」, 「소경과 안즘방이 문 답」, 「향로방문의싱이라」, 「거부오해」, 「시사문답」(『대한매일신보』, 1905.10.29~1906.4.12)을 중심으로」, 『우리어문연구』 23, 우리어문학회, 2004.
김중하, 「개화기 단형소설 연구」, 『인문논총』 20, 부산대, 1981.
김춘진, 「피카레스크 소설의 개인의식과 사회적 갈등」, 『이베로아메리카연구』 5, 서울대 라틴아메리카연구소, 1994.
김형중, 「「一捻紅」의 構造的 特性과 時代意識－근대전환기 신문 연재소설 연구(1)」, 『國語國文學硏究』 19, 원광대 국어국문학과, 1997.
______, 「開化期 漢文小說 硏究－신문 연재소설을 중심으로」, 『韓國言語文學』 40, 한국언어문학회, 1998.
남민수, 「한국 근대전환기소설에 미친 중국 근대소설론의 영향」, 『中國語文學』 39, 영남중국어문학회, 2002.
노대환, 「대한제국 말기(1904~1910) 『皇城新聞』의 현실 인식과 대응 양상의 변화－『大韓每日申報』와의 비교를 중심으로」, 『이화사학연구』 54, 이화사학연구소, 2017.
문한별, 「근대전환기 번역 및 번안 서사의 두 가지 양상－애국과 교육 계몽 담론의 수용 양상을 중심으로」, 『현대문학이론연구』 42, 현대문학이론학회, 2010.
______, 「근대전환기 역사, 전기 단형서사의 언론 매체별 비교 연구」, 『문학교육학』 35, 한국문학교육학회, 2011.

______, 「근대전환기 기행체 서사와 근대소설 양식의 상관성 고찰」, 『우리어문연구』 43, 우리어문학회, 2012.

박소현, 「과도기의 형식과 근대성 – 근대계몽기 신문연재소설 《神斷公案》과 형식의 계보학」, 『중국문학』 63, 한국중국어문학회, 2010.

______, 「근대계몽기 신문과 추리소설 – 『神斷公案』을 중심으로」, 『중국어문학논집』 90, 중국어문학연구회, 2015.

박영미, 「최영년 문학론 고찰 – 친일 문학론을 중심으로」, 『한문학논집』 22, 근역한문학회, 2004.

박일용, 「朝鮮後期 愛情小說의 開化期的 變異 樣相」, 『국어국문학』 103, 국어국문학회, 1990.

박혜숙, 「여성영웅소설과 평등 · 차이 · 정체성의 문제」, 『민족문학사연구』 31, 민족문학사학회, 2006.

박희병, 「한문소설과 국문소설의 관련 양상」, 『한국한문학연구』 22, 한국한문학회, 1998.

배수찬, 「근대적 '서사' 관념의 형성 과정에 대한 연구」, 『민족문학사연구』 29, 민족문학사학회, 2005.

서은경, 「『대한매일신보』를 통해서 본 개화기 서사의 특질과 의미」, 『현대문학의 연구』 24, 한국문학연구학회, 2004.

서준섭, 「근대 계몽기 한문 세대의 근대 충격 경험과 그 문학적 대응의 몇 가지 양상」, 『한중인문학연구』 8, 한중인문학회, 2002.

손병국, 「開化期 新聞連載小說에서의 明代白話短篇小說受容樣相」, 『東岳語文論集』 35, 東岳語文學會, 1999.

송명진, 「문이재도와 개화기 '소설' 개념 연구」, 『한국문학이론과 비평』 33, 한국문학이론과비평학회, 2006.

신동욱, 「新小說에 反映된 新文化 受容의 態度」, 『東西文化』 4, 계명대 동서문화연구소, 1970.

신상성, 「漢文短篇小說의 形態的 硏究 – 金時習과 朴趾源의 소설을 중심으로」, 『東岳語文論集』 19, 동악어문학회, 1984.

신종한, 「한국 소설의 시점연구 – 근대 이행기 소설을 중심으로」, 『동양학』 43, 단국대 동양학연구원, 2008.

심경호, 「朝鮮後期小說考證(1) – 포공연의 · 성풍뉴 · 왕경룡전 · 소시직금회문녹 · 소씨명행록」, 『한국학보』 15-3, 일지사, 1989.

양문규, 「개화기 문학 담당층의 사회 · 역사적 성격 – 신소설 작가를 중심으로」, 『국제어문』 25, 국제어문학회, 2002.
______, 「1900년대 신문・잡지 미디어와 근대 소설의 탄생」, 『현대문학의 연구』 23, 한국문학연구학회, 2004.
牛林杰, 「開化期 文體에 끼친 梁啓超의 影響」, 『한중인문학연구』 5, 한중인문학회, 2000.
______, 「양계초 역사・전기소설의 한국적 수용」, 『한중인문과학연구』 6, 한중인문학회, 2001.
______, 「개화기 소설장르의 형성과 梁啓超의 관련 양상」, 『비교문학』 29, 한국비교문학회, 2002.
柳玗善・金春燮, 「開化期小說에 受容된 古代小說의 構造 類型」, 『용봉인문논총』 12, 전남대 인문과학연구소, 1982.
이광린, 「『황성신문』 연구」, 『동방학지』 53, 연세대 국학연구원, 1986.
李寅鍾, 「乾達傳乘의 文學史的 意義」, 『국어국문학논문집』 14, 동국대 국어국문학회, 1988.
이재선, 「서사 시간의 근대소설적 전환」, 『人文研究論集』 26, 서강대 인문과학연구소, 1998.
임형택, 「근대계몽기 국한문체의 발전과 한문의 위상」, 『민족문학사연구』 14, 민족문학사학회, 1999.
장예준, 「〈신단공안(神斷公案)〉 평어(評語) 양상과 가치 지향」, 『어문론총』 70, 한국문학언어학회, 2016.
장효현, 「애국계몽기 고전장편소설의 역사대응 현실」, 『어문논집』 33, 민족어문학회, 1994
전성운, 「19세기 한문장편 소설의 특징과 창작 배경」, 『어문논집』 40, 민족어문학회, 1999.
정길수, 「지향 잃은 자유인의 초상－김봉론」, 『古小說研究』 38, 한국고소설학회, 2014.
정출헌, 「17세기 국문소설과 한문소설의 대비적 위상」, 『한국한문학연구』 22, 한국한문학회, 1998.
정환국, 「애국계몽기 한문소설의 현실인식」, 『민족문학사연구』 8, 민족문학사학회, 1995.
______, 「愛國啓蒙期 漢文小說의 성격 규명을 위한 試論」, 『한국한문학연구』 21, 한국한문학회, 1998.
______, 「애국계몽기 한문현토소설의 존재방식－신문연재소설의 경우」, 『고전문학연구』 24, 한국고전문학회, 2003.

______,「애국계몽기 한문소설에 나타난 대외인식의 단상－『夢見諸葛亮』의 경우」,『민족문학사연구』 23, 민족문학사학회, 2003.
______,「1900년대의 여성, 그 전도된 인식과 반영의 궤적－1906, 7년 소설에 나타난 여성을 중심으로」,『한국고전여성문학연구』 9, 한국고전여성문학회, 2004.
______,「송사소설의 전통과『신단공안』」,『한문학보』 23, 우리한문학회, 2010.
조동일,「영웅소설 작품구조의 시대적 성격」,『한국학논집』 4, 계명대 한국학연구원, 1980
조상우,「일념홍 연구」,『어문논집』 44, 민족어문학회, 2001.
______,「애국계몽기 한문소설「魚福孫傳」연구」,『국문학논집』 18, 단국대 국어국문학과, 2002.
______,「애국계몽기 한문소설에 표출된 지식인의 여성인식」,『한국고전여성문학연구』 8, 한국고전여성문학회, 2004.
______,「『皇城新聞』소재 한문소설「別界探探」연구」,『한국언어문학』 65, 한국언어문학회, 2008.
______,「개화기 한문소설의 주제의식」,『한국문학이론과 비평』 17, 한국문학이론과비평학회, 2002.
______,「개화기 국한문소설「女英雄」연구」,『고소설연구』 16, 한국고소설학회, 2003.
조용호,「최영년의『詩金剛』과 1920년대 漢詩界」,『한국고전연구』 18, 한국고전연구학회, 2008.
조용호,「여장군소설의 개화기적 변화상－『대한일보』 연재소설 〈女英雄〉을 대상으로」,『한국고전여성문학연구』 22, 한국고전여성문학회, 2011.
______,「개화기소설과 문명 공간으로서의 바다」,『시학과 언어학』 29, 시학과언어학회, 2015.
주승택,「개화기 한문학의 변이양상」,『관악어문연구』 10-1, 서울대 국어국문학과, 1985.
______,「국한문 교체기의 언어생활과 문학활동」,『大東漢文學』 20, 대동한문학회, 2004.
증천부,「開化期新聞小說「적션여경녹」에 대한 考察」,『한국문학논총』 12, 한국문학회 1991.
최원식,「1910년대 친일문학과 근대성－최찬식의 경우」,『민족문학사연구』 14, 민족문학사학회, 1999.
韓榮均,「近代啓蒙期 國漢混用文의 類型・文體 特性・使用 樣相」,『口訣硏究』 30, 구결학회, 2013.

한원영, 「한국개화기 신문연재소설의 태동과 특성」, 『국어교육』 63, 한국어교육학회, 1988.
胡蓮玉, 「話本小說結構體制演進之考察」, 『江海學刊』(6期), 江蘇省社會科學院, 2004.
吳禮權, 「話本小說"篇首"的結構形式及其歷史演進」, 『雲南師範大學學報』(第37卷第4期), 雲南師範大學, 2005.
陳昌雲, 顔鵑, 「論古典短篇小說穿插詩詞韻語模式的三大歷史形態及其作用」, 『中國韻文學刊』(第22卷第2期), 中國韻文學會・湘潭大學, 2008.
林沙歐・吳時紅, 「詩詞參與古代小說敍事之原因探析」, 『寧波大學學報』(第25卷第5期), 寧波大學, 2012.
周進芳, 「詩詞韻語在古典小說中的多維敍事功能」, 『明淸小說硏究』(2003年第3期), 江蘇省社會科學院文學硏究所・明淸小說硏究中心, 2003.
張曉慶, 「論"三言二拍"入話詩詞」, 『現代語文(文學硏究)』(05期), 曲阜師範大學, 2011.
郭光華, 「論中國古典小說中的"有詩爲證"」, 『湖南師範大學社會科學學報』(第5期), 湖南師範大學, 1992.

3. 단행본

강준만, 『한국 근대사 산책』 4, 인물과사상사, 2007.
권보드래, 『한국근대소설의 기원』, 소명출판, 2000.
권영민, 『서사양식과 담론의 근대성』, 서울대 출판부, 1999.
김경미 외, 『1910년대 문학과 근대』, 월인, 2005.
김복순, 『1910년대 한국근대문학과 근대성』, 소명출판, 1999.
김순전, 『한・일 근대소설의 비교문학적 연구』, 태학사, 1998.
김영민, 『근대계몽기 단형 서사문학 자료전집』(상・하), 소명출판, 2003.
______, 『한국근대소설사』, 솔, 2003.
______, 『한국 근대소설의 형성 과정』, 소명출판, 2005.
______, 『한국의 근대신문과 근대소설』 1(대한매일신보), 소명출판, 2006.
______, 『한국의 근대신문과 근대소설』 2(한성신보), 소명출판, 2008.
______, 『한국의 근대신문과 근대소설』 3(만세보), 소명출판, 2014.
김용직, 『한국근대문학의 사적이해』, 삼영사, 1977.
金容稷, 『韓國近代文學論攷』, 서울대 출판부, 1985.
김인환, 『비평의 원리』, 나남, 1994.
______, 『기억의 계단』, 민음사, 2001.

김중하, 『개화기 소설연구』, 국학자료원, 2005.
김찬기, 『한국 근대소설의 형성과 傳』, 소명출판, 2004.
김형중, 『애국계몽기의 신문연재소설』, 한국문화사, 2001.
남석순, 『근대소설의 형성과 출판의 수용미학』, 박이정, 2008.
魯　迅, 『中國小說史略』, 新世界出版社, 2012.
문혜윤, 『문학어의 근대』, 소명출판, 2008.
연세대 근대한국학연구소, 『근대계몽기 단형 서사문학 연구』, 소명출판, 2005.
박천홍, 『매혹의 질주, 근대의 횡단』, 산처럼, 2003.
배수찬, 『근대적 글쓰기의 형성 과정 연구－논설문의 성립 환경과 문장 모델을 중심으로』, 소명출판, 2008.
백　철, 『신문학사조사』, 신구문화사, 2003.
상허학회, 『한국근대소설의 구조』, 깊은샘, 2003.
서광운, 『한국 신문소설사』, 해돋이, 1993.
서종택, 『한국근대소설의 구조』, 국학자료원, 2003.
설성경, 『신소설 연구』, 새문사, 2005.
송민호, 『한국개화기소설의 사적연구』, 일지사, 1975.
신근재, 『한·일 근대문학의 비교연구』, 일조각, 1985.
심재숙, 『근대계몽기 신작 고소설 연구』, 월인, 2012.
阿　英, 『晩淸小說史』, 東方出版社, 1996.
엽건곤, 『梁啓超와 舊韓末 文學』, 법전출판사, 1980.
우림걸, 『한국개화기문학과 양계초』, 박이정, 2002.
윤명구, 『개화기소설의 이해』, 인하대 출판부, 1986.
이용남, 『한국 개화기소설 연구』, 태학사, 2000.
이재선, 『한국개화기소설연구』, 일조각, 1993.
______, 『韓末의 新聞小說』, 한국학술정보, 2003.
이재선·김학동·박종철, 『開化期 文學論』, 한국학술정보, 2002.
一丁 宋敏鎬博士 古稀紀念論叢, 『韓國文學思想史』, 啓明文化社, 1991.
장효현, 『한국고전소설사연구』, 고려대 출판부, 2002.
전광용, 『신소설연구』, 새문사, 1986.
鄭晉錫, 『한국 現代言論史論』, 전예원, 1985.
鄭振鐸, 『鄭振鐸古典文學論文集』, 上海古籍出版社, 2009.
조동일, 『신소설의 문학사적 성격』, 서울대 출판부, 1973.

______, 『한국문학통사』, 지식산업사, 1994.
조상우, 『애국계몽기 한문산문의 연구』, 다운샘, 2002.
陳平原, 『中國小說敍事模式的轉變』, 上海人民出版社, 1988.
______, 『中國散文小說史』, 北京大學出版社, 2010.
陳平原・夏曉虹, 『二十世紀中國小說理論資料』(1), 北京大學出版社, 1989.
최경숙, 『황성신문연구』, 부산외대 출판부, 2010.
최　준, 『한국신문사』, 일조각, 1992.
최원식, 『한국근대소설사론』, 창작사, 1986.
한국고전소설 편찬위원회, 『한국고전소설론』, 새문사, 1990.
한국문학연구학회, 『한국 근대문학과 일본문학』, 국학자료원, 2001.
한기형, 『한국근대소설사의 시각』, 소명출판, 1999.
______, 『근대어・근대매체・근대문학-근대 매체와 근대 언어질서의 상관성』, 성균관대 대동문화연구원, 2006.
한원영, 『한국개화기 신문연재소설연구』, 일지사, 1990.
홍일식, 『한국개화기의 문학사상연구』, 열화당, 1991.
황호덕, 『근대 네이션과 그 표상들』, 소명출판, 2005.

4. 학위논문

李　琨, 「韓國開化期小說에 미친 晩淸小說의 影響－梁啓超와 申采浩의 文學觀을 중심으로」, 경남대 석사논문, 1997.
구중회, 「개화기문학론연구」, 한양대 석사논문, 1979.
국우함, 「韓國開化期新聞小說 『神斷公案』에 미친 『龍圖公案』의 影響」, 광운대 석사논문, 2013.
芹川哲世, 「한・일 개화기 정치소설의 비교연구」, 서울대 박사논문, 1977.
김복순, 「1890－1910년대의 문학비평연구」, 연세대 석사논문, 1982.
김윤재, 「한국근대초기 문학론과 소설화양상 연구」, 한국외대 박사논문, 2000.
문한별, 「한국 근대 소설 양식의 형성과정 연구－전통 문학 양식의 수용과 대립을 중심으로」, 고려대 박사논문, 2008.
박성호, 「광무・융희연간 신문의 '사실' 개념과 소설 위상의 상관성 연구」, 고려대 박사논문, 2014.
박진수, 「韓國의 漢文廢止 論爭의 史的 考察」, 경북대 석사논문, 2010.
반재유, 「『皇城新聞』 소재 서사문학 연구」, 연세대 박사논문, 2017.

성현자, 「신소설에 미친 만청소설의 영향」, 이화여대 박사논문, 1985.
양사사, 「明代 話本小說이 新小說에 미친 영향－李海朝의 『新聞連載小說』 중심으로」, 광운대 석사논문, 2013.
정선태, 「신소설의 서사론적 연구－이인직 소설을 중심으로」, 서울대 석사논문, 1994.
정훈식, 「〈金鳳本傳〉의 구조와 서사적 전통」, 부산대 석사논문, 1996.
조상우, 「애국계몽기 한문산문의 의식지향연구」, 고려대 박사논문, 2002.
증천부, 「韓國小說의 明代話本小說 受容 硏究」, 부산대 박사논문, 1995.
한원영, 「한국개화기 신문연재소설의 연구」, 청주대 박사논문, 1988.

간행사 _ 근대 한국학총서를 내면서

새 천 년이 시작된 지도 벌써 몇 해가 지났다. 식민지와 분단국가로 지낸 20세기 한국 역사의 와중에서 근대 민족국가 수립과 민족 문화 정립에 애써온 우리 한국학계는 세계사 속의 근대 한국을 학술적으로 미처 정리하지 못한 채 세계화와 지방화라는 또 다른 과제를 안게 되었다. 국가보다 개인, 지방, 동아시아가 새로운 한국학의 주요 대상이 된 작금의 현실에서 우리가 겪어온 근대성을 다시 한번 정리하고 21세기에 맞는 새로운 모습으로 탈바꿈시키는 것은 어느 과제보다 앞서 우리 학계가 정리해야 할 숙제이다. 20세기 초 전근대 한국학을 재구성하지 못한 채 맞은 지난 세기 조선학 · 한국학이 겪은 어려움을 상기해 보면, 새로운 세기를 맞아 한국 역사의 근대성을 정리하는 일의 시급성은 아무리 강조해도 지나치지 않다.

우리 근대한국학연구소는 오랜 전통이 있는 연세대학교 조선학 · 한국학 연구 전통을 원주에서 창조적으로 계승하고자 하는 목표에서 설립되었다. 1928년 위당 · 동암 · 용재가 조선 유학과 마르크스주의, 그리고 서학이라는 상이한 학문적 기반에도 불구하고 조선학 · 한국학 정립을 목표로 힘을 합친 전통은 매우 중요한 경험이었다. 이에 외솔과 한결이 힘을 더함으로써 그 내포가 풍부해졌음은 두말할 나위가 없다. 연세대학교 원주캠퍼스에서 20년의 역사를 지닌 매지학술연구소를 모체로 삼아, 여러 학자들이 힘을 합쳐 근대한국학연구소를 탄생시킨 것은 이러한 선배학자들의 노력을 교훈으로 삼은 것이다.

이에 우리 연구소는 한국의 근대성을 밝히는 것을 주 과제로 삼고자 한다. 문학 부문에서는 개항을 전후로 한 근대 계몽기 문학의 특성을 밝히는 데 주력할 것이다. 역사 부문에서는 새로운 사회경제사를 재확립하고 지역학 활성화를 위한 원주학 연구에 경진할 것이다. 철학 부문에서는 근대 학문의 체계화를 이끌고 사회과학 분야에서는 학제 간 연구를 활성화시키며 근대성 연구에 역량을 축적해 온 국내외 학자들과 학술 교류를 추진할 것이다. 이러한 연구들은 일방성보다는 상호 이해와 소통을 중시하는 통합적인 결과물의 산출로 이어질 것이다.

근대한국학총서는 이런 연구 결과물을 집약적으로 정리하기 위해 마련한 총서이다. 여러 한국학 연구 분야 가운데 우리 연구소가 맡아야 할 특성화된 분야의 기초자료를 수집・출판하고 연구성과를 기획・발간할 수 있다면, 우리 시대 연구자들뿐만 아니라 학문 후속세대들에게도 편리함과 유용함을 줄 수 있을 것이다. 새롭게 시작한 근대한국학총서가 맡은 바 역할을 충분히 할 수 있도록 주변의 관심과 협조를 기대하는 바이다.

2003년 12월 3일

연세대학교 원주캠퍼스 근대한국학연구소